はじめに

漢字能力《のう》は日常《じょう》生活を送る上で、欠くことのできない基本《き》的な能力であり、パソコンがふきゅうした現在《げんざい》においても、正しい知識《しき》がなければ適切《てき》な文章表現はむずかしいといえます。一朝一夕《いっちょういっせき》（わずかの期間）に身につくものではありませんが、書籍《しょせき》、新聞、雑誌《ざっし》を、漢字を意識《しき》して読むなど日ごろの努力の積み重ねが必要なことはいうまでもありません。

本書は、最近しだいに会社や学校で重要な資格《しかく》とみなされるようになってきた「**漢字能力検定《けん》**」に合格できる実力を養うことに重点をおいて作成しています。また、**改定された常用漢字表**に対応しています。

特色と使い方

本書は「**練習編《へん》**」、「**実力完成編**」の二部構成になっています。

「**練習編**」では読み書き[illegible]別に効率《こうりつ》的に練習。各問題は見開き二ページ、解答《かい》は[illegible]っています。チェックらんを利用して、くり返し練習す[illegible]コツです。問題文中で＊のついた語句《く》は「**ワンポイン[illegible]字力がつく**」では漢字の知識や学習のこころがけなど[illegible]プがはかれます。

「**実力完成編**」は検[illegible]問題数のテストで、検定前に、漢字能力の点検や弱点チ[illegible]とができます。

また、「**解答編**」は[illegible]やすい別さつとし、まちがえやすいところは「×」で親切に示[illegible]**ェックしよう**」は重要な語句や漢字知識の解説で、はば広い漢字力の養成に役立つくふうをしています。

「**解答編**」うしろにある「**資料編**」には配当漢字表などをのせ、漢字の最終確認《かくにん》ができます。

目次

漢字検定7級トレーニングノート

1 漢字の読み（音読み）①

——読む力が漢字力の基《き》本

合かく	もう一歩	がんばれ
（50〜35）	（34〜26）	（25〜　）

得点

次の——線の漢字の読みをひらがなで書きなさい。

1 民宿の二階から海が見えた。（　　）
2 いろいろな物を食べて栄養をとる。（　　）
3 北国では昨夜から雪だという。（　　）
4 広い高原で牛を放牧している。（　　）
5 姉は失敗してもくじけない。（　　）
6 投票によって会長を決める。（　　）
7 佐賀県では焼き物がさかんだ。（　　）
8 社会の*治安を守る。（　　）
9 かれは山あいの城下町の出身だ。（　　）
10 大事なことは全員の*協議で決める。（　　）
11 愛読書を友達にすすめる。（　　）
12 あらして漁船との通信がとだえる。（　　）
13 先生が運動会の様子を録画する。（　　）

14 南極の天気の変化を調べる。（　　）
15 家の側面のかべをぬりかえる。（　　）
16 桜《さくら》の花が満開になった。（　　）
17 希少な野生動物を保護《ご》する。（　　）
18 近所の友達と児童公園で遊ぶ。（　　）
19 労働した後の食事はおいしい。（　　）
20 ホームランで*一挙に三点を入れる。（　　）
21 賞金が三億円のくじを買う。（　　）
22 地しんに備《そな》え家具を固定する。（　　）
23 花びんにキクの花を一輪さす。（　　）
24 ここは木材の集散地だ。（　　）
25 語句《く》の用い方の例を挙げる。（　　）
26 浴室のリフォームを行う。（　　）

27 兄は毎年夏休みに帰省*する。（　）
28 不意の来客に母はあわてた。（　）
29 お茶の作法を母に教えてもらう。（　）
30 父はつった魚を包丁でさばいた。（　）
31 もみじのころの自然は美しい。（　）
32 道の分岐点をこえて直進する。（　）
33 試合は好プレーの連発だった。（　）
34 苦労して仕上げた作品が入賞した。（　）
35 生まれたばかりの子鹿をだく。（　）
36 たん生日には母が赤飯をたいた。（　）
37 生徒会の副会長をつとめる。（　）
38 国語辞典の使い方を学習する。（　）
39 栄光のかげには努力がある。（　）
40 日本の選手が外国の球団《だん》に入る。（　）

41 工作の材料をそろえる。（　）
42 ガス給湯器の故《こ》しょうを直す。（　）
43 必要は発明の母と言われる。（　）
44 きん急時の伝達方法を考える。（　）
45 ごみを減《へ》らす活動に参加する。（　）
46 改札口*を出てバス停へ向かう。（　）
47 すぐに来いと命令された。（　）
48 寒冷前線が南下してきた。（　）
49 害虫が農作物をあらす。（　）
50 無理が通れば道理が引っこむ（　）

ワンポイント

8 治安＝国家が安らかに治まること。――が悪い。
10 協議＝集まって相談すること。
20 一挙＝一度に事をなすこと。――に仕上げる。
27 帰省＝ふるさと（自分が生まれた土地）に帰ること。
46 改札口＝駅で乗車券《けん》などを調べ、取り集めを行うところ。

漢字力がつく

漢字は、もともとは物の形を絵で表現《げん》した「**象形文字**」です。象形文字をもとに漢字が作られ、また**部首**になっています。

2 漢字の読み（音読み）②

——音読みは中国の読みをもとにした読み方

合かく	もう一歩	がんばれ	得点
(50〜35)	(34〜26)	(25〜　)	

次の——線の漢字の読みをひらがなで書きなさい。

□ 1 運動して健康な体をつくる。（　　）
□ 2 村の長老*から昔の話を聞く。（　　）
□ 3 音楽室で楽器をえんそうする。（　　）
□ 4 各社が商品の開発を競争する。（　　）
□ 5 山に登って街の風景をながめる。（　　）
□ 6 交通の便利な土地に住んでいる。（　　）
□ 7 駅の周辺のごみ拾いをする。（　　）
□ 8 校門の前で記念写真をとる。（　　）
□ 9 船に大量の荷物を積みこむ。（　　）
□ 10 水泳の世界記録がこうしんされた。（　　）
□ 11 毛筆を初歩から先生に習う。（　　）
□ 12 母は今年も果実酒をつくる。（　　）
□ 13 意外な結末におどろく。（　　）
□ 14 弟はゲームに熱中している。（　　）
□ 15 理科室でこん虫の標本を見る。（　　）
□ 16 人類はアフリカで誕《たん》生した。（　　）
□ 17 アジアの国々との友好を深める。（　　）
□ 18 雨のよくふる季節になる。（　　）
□ 19 兄が代表委員会の司会をする。（　　）
□ 20 清流に糸をたれてアユをつる。（　　）
□ 21 寒さで水道管がこおる。（　　）
□ 22 持ち物に住所と氏名を書く。（　　）
□ 23 農家の人が新米を倉庫に運ぶ。（　　）
□ 24 家から学校まで徒歩で十分かかる。（　　）
□ 25 みさきの灯台*から海を見つめる。（　　）
□ 26 国民の祝日に国旗をかかげる。（　　）

□ 27 失敗は成功の母と言われる。（　　）
□ 28 長さの単位について学習する。（　　）
□ 29 キャンプ中は天候にめぐまれた。（　　）
□ 30 社会科で公害について学習する。*（　　）
□ 31 うそをつくと良心がとがめる。（　　）
□ 32 朝早くから漁港がにぎわう。（　　）
□ 33 開校六十周年の式典を行う。（　　）
□ 34 けい察官に道をたずねる。（　　）
□ 35 隊列を組んでガンが飛来する。（　　）
□ 36 山梨県はブドウの産地で有名だ。（　　）
□ 37 母が冬物の衣類を箱にしまう。（　　）
□ 38 新緑のもとで森林浴を楽しむ。*（　　）
□ 39 計画は順調にスタートした。（　　）
□ 40 試験の結果はとても良かった。（　　）

□ 41 教室の照明を明るくする。（　　）
□ 42 今日の欠席は一人だった。（　　）
□ 43 台風が日本に上陸しそうだ。（　　）
□ 44 家族で野外活動を体験した。（　　）
□ 45 差別のない明るい社会をつくる。（　　）
□ 46 日本各地の特産物を調べる。（　　）
□ 47 愛犬といっしょに写真をとる。（　　）
□ 48 もみじの名所へ観光バスで行く。（　　）
□ 49 マツタケは秋の味覚の代表だ。（　　）
□ 50 芸は身を助ける。（　　）

ワンポイント

2 長老＝年とった者をうやまってよぶ。経験《けい》が豊富《ほうふ》で、指導《どう》的な立場にある人。
25 灯台＝夜は光を放って船に航《コウ》路を教えるための設備《せつび》。
30 公害＝工場などのけむり、よごれた水、自動車のはい気ガスで健康や生活が害されること。
38 森林浴＝森林の中に入って、すがすがしい空気にひたること。

漢字力がつく 漢字は中国から伝わった**表意文字**であり、一字一字が意味を持っています。じゅく語の意味は組み合わされているそれぞれの漢字の意味から考えましょう。

3 漢字の読み（音読み）③ ——音読みは二字じゅく語が中心

合かく（50〜35）　もう一歩（34〜26）　がんばれ（25〜　）　得点

次の——線の漢字の読みをひらがなで書きなさい。

1 問題は案外やさしかった。（　　）
2 学校の畑で花や野菜をつくる。（　　）
3 カラー印刷された紙面に見入る。（　　）
4 道徳の副読本の話を読む。（　　）
5 かんきょう問題は大きな課題だ。（　　）
6 世界の平和を追求する。*（　　）
7 地しんに備《そな》え、ひなん訓練をする。（　　）
8 マツタケ特有のかおりがする。（　　）
9 生産地を示《しめ》した米を買った。（　　）
10 空き地の面積を調べる。（　　）
11 高原一帯は色付いて美しい。（　　）
12 主人公の気持ちに共感する。（　　）
13 新しい年に夢《ゆめ》と希望をいだく。（　　）
14 遊び方を説明してゲームを始める。（　　）
15 記者の質《しつ》問に大臣が答える。（　　）
16 博物館でじょう気機関車を見た。（　　）
17 駅の付近はいつもにぎやかだ。（　　）
18 人体の細ぼうの数は約六十兆だ。（　　）
19 式典で祝電がひろうされた。（　　）
20 植物が育つ様子を観察する。（　　）
21 時代と共に生活様式が変化する。（　　）
22 連続ホームランに球場がわく。（　　）
23 救助の隊員はすばやく行動した。（　　）
24 生野菜に食塩をふりかける。（　　）
25 街路ぞいのパンジーがさいている。（　　）
26 作品を完全に仕上げた。（　　）

□ 27 約束の時間に会場に行く。（　　）

□ 28 行き先を具体的*に話し合う。（　　）

□ 29 都道府県の選手が会場に集まる。（　　）

□ 30 町で外国人と英語で話す。（　　）

□ 31 漁を終えた船が港に向かう。（　　）

□ 32 兄は卒業文集の作成にいそがしい。（　　）

□ 33 図かんで星ざの位置を調べる。（　　）

□ 34 試合は引き分けに終わった。（　　）

□ 35 始めたことは最後までやりぬく。（　　）

□ 36 未来に希望をもって生きる。（　　）

□ 37 マメの発芽の様子を調べる。（　　）

□ 38 北海道でくらすのが願望*だ。（　　）

□ 39 軍手*を使って指人形を作った。（　　）

□ 40 天体望遠鏡で星を観察する。（　　）

□ 41 郡部と市部の代表が集まる。（　　）

□ 42 放置自転車は通行のじゃまだ。（　　）

□ 43 まちがいを深く反省する。（　　）

□ 44 参加ができなくて残念だ。（　　）

□ 45 梅雨*前線が北上するそうだ。（　　）

□ 46 野球の試合であっさり敗北した。（　　）

□ 47 体をこわし、家で静養する。（　　）

□ 48 けさの気温はこの冬最低だ。（　　）

□ 49 三角形の底辺と高さを求める。（　　）

□ 50 勇気を出して立ち向かう。（　　）

ワンポイント

6 追求＝どこまでも後を追いかけて求めること。（追究、追及《きゅう》とのちがいに気をつける）

28 具体的＝そのものの様子や形が、はっきりとわかるさま。

38 願望＝ねがいのぞむこと。

39 軍手＝太い白の綿《めん》糸であんだ作業用の手ぶくろ。

45 梅雨＝六月から七月初めまで続く長雨。つゆ。

漢字力がつく 漢字の大部分は意味を表す（**形**）文字と、音を表す（**声**）文字とを組み合わせてできた「**形声文字**」です。

4 漢字の読み（訓読み）①

——訓読みは日本語の意味を漢字にあてはめた読み方

合かく	もう一歩	がんばれ	得点
(50〜35)	(34〜26)	(25〜　)	

次の——線の漢字の読みをひらがなで書きなさい。

□ 1 印をつけて残りを数える。（　）
□ 2 かのじょには孫が五人いる。（　）
□ 3 つまらないことに関わるな。（　）
□ 4 他人の争いにまきこまれる。（　）
□ 5 運動会で各国の旗がゆれる。（　）
□ 6 世界中の人が平和を求めている。（　）
□ 7 ハマグリはからを固くとじている。（　）
□ 8 体育の時間に学校の周りを走った。（　）
□ 9 家の板べいに節*あなを見つけた。（　）
□ 10 手間を省かず心をこめて調理する。（　）
□ 11 おばは、とても物静かな人だ。（　）
□ 12 日本海側の冬は雪の日が多い。（　）
□ 13 運動クラブに加わる。（　）

□ 14 病気が治ったので登校する。（　）
□ 15 根も葉もないうわさが飛ぶ。（　）
□ 16 十の位以下は四しゃ五入する。（　）
□ 17 家族で母のたん生日を祝う。（　）
□ 18 車中にかさを置きわすれた。（　）
□ 19 アユの塩焼きはおいしかった。（　）
□ 20 勇ましい音楽が聞こえてくる。（　）
□ 21 手術《じゅつ》の成功を願っています。（　）
□ 22 コーラス部の仲間が増《ふ》えた。（　）
□ 23 早起きも三日が関*の山です。（　）
□ 24 井戸水*でのどをうるおす。（　）
□ 25 この城は市で一番の観光地だ。（　）
□ 26 笑い声のたえない家庭だ。（　）

□ 27 大事業を成しとげた。（　　）

□ 28 シャワーを浴びてプールに入る。（　　）

□ 29 ここが問題を解く要のところだ。（　　）

□ 30 管から水が流れ出る。（　　）

□ 31 いつも努めて明るくふるまう。（　　）

□ 32 沖縄県が暴風域(ぼういき)に入った。（　　）

□ 33 試合に一点差で敗れた。（　　）

□ 34 帯に短したすきに長し* （　　）

□ 35 昔に戦いのあった山に登る。（　　）

□ 36 むねに名札をつける。（　　）

□ 37 連続さか上がりを試みる。* （　　）

□ 38 魚市場は活気に満ちていた。（　　）

□ 39 浅はかな考えで失敗した。（　　）

□ 40 合格の知らせを待ち望む。（　　）

□ 41 学期の初めに計画を立てる。（　　）

□ 42 気が散って計算できない。（　　）

□ 43 夫は今日は家におります。（　　）

□ 44 湯が冷めないうちに入浴する。（　　）

□ 45 三人しまいの末っ子です。（　　）

□ 46 古い体育館を建て直す。（　　）

□ 47 つくえの上のペンが無くなった。（　　）

□ 48 いつも友人と行動を共にする。（　　）

□ 49 図書室で読みたい本を選ぶ。（　　）

□ 50 人間の一生を航海に例える。（　　）

漢字力がつく

訓読みには送りがなのつくもの（例 生きる(い)・下る(くだ)）と、つかないもの（例 生(なま)・下(した)）があります。

ワンポイント

9 節＝みきから枝(えだ)の出たあと。

23 関の山＝せいいっぱい。成しとげる限界(げん)。

24 のどをうるおす＝水などを飲んでのどをしめらせること。

34 帯に……＝物事がどっちつかずで役に立たないこと。

37 試みる＝ためしてみる。

5 漢字の読み（訓読み）② ――訓読みは一字の読みが多い

合かく	もう一歩	がんばれ	得点
(50～35)	(34～26)	(25～　)	

次の――線の漢字の読みをひらがなで書きなさい。

□ 1 本当は仲が良い二人です。（　　）
□ 2 好きなまん画を一つ挙げる。（　　）
□ 3 ここはむかしの関所のあとだ。（　　）
□ 4 古いバケツの底から水がもれる。（　　）
□ 5 友達に借りたかさを返す。（　　）
□ 6 親鳥がえさをくわえて巣にもどる。（　　）
□ 7 昔から伝わる祭りに参加する。（　　）
□ 8 転校する友達と別れをおしむ。（　　）
□ 9 大きな物音で目が覚めた。（　　）
□ 10 妹は転んでも泣かなかった。（　　）
□ 11 つな引きに勝ちばんざいを唱えた。（　　）
□ 12 大ずもうの番付*が発表された。（　　）
□ 13 お客に改まったあいさつをする。（　　）

□ 14 ピアノの発表会で花束をもらった。（　　）
□ 15 昔は門前町として栄えた。（　　）
□ 16 熱いおしぼりで手をふいた。（　　）
□ 17 やなぎに雪折*れなし（　　）
□ 18 登山者が山道を連なって登る。（　　）
□ 19 母のふるさとから小包がとどく。（　　）
□ 20 食べきれずにおかずを残した。（　　）
□ 21 川原のネコヤナギが芽ぶく。（　　）
□ 22 商店街の辺りは人通りが多い。（　　）
□ 23 学校の畑に野菜の種をまく。（　　）
□ 24 母が鏡を買ってきた。（　　）
□ 25 案*ずるより産むがやすし（　　）
□ 26 月の満ち欠けを観察する。（　　）

27 家に帰って本の続きを読む。（　　）
28 母はコーヒーよりお茶を好む。（　　）
29 生命の大切さを説*いて聞かす。（　　）
30 今年も梅の実がたくさん実った。（　　）
31 山で拾ったクリの目方を量*る。（　　）
32 妹の七五三で神社にお参りする。（　　）
33 父は毎朝必ずひげをそる。（　　）
34 自然の中で生活して英気を養う。（　　）
35 畑一面に菜の花がさいている。（　　）
36 放った矢が的の真ん中に当たる。（　　）
37 もみじが夕日に照りはえる。（　　）
38 この類いの品物が出回っている。（　　）
39 弟がにぎり飯をほおばる。（　　）
40 気温はこの冬で最も低かった。（　　）

41 見学の順路を矢印でしめす。（　　）
42 遠くの友達から便りがとどく。（　　）
43 外国と文化交流の協定を結ぶ。（　　）
44 屋根に積もった雪を下ろす。（　　）
45 埼玉県は海がない県だ。（　　）
46 草原の空は果てしなく広がる。（　　）
47 ツバメが低く飛ぶと雨がふる。（　　）
48 学級新聞を三十部刷り上げる。（　　）
49 清らかな谷川に足をひたす。（　　）
50 姉は保育士として働いている。（　　）

ワンポイント

12 番付＝地位や力量などの順に名前を記したもの。

17 やなぎに……＝やわらかいものはかたいものよりもたえる力があるというたとえ。

25 案ずる……＝実際《さい》にやってみると案外かん単なことにいう。

29 説く＝わかるように言って聞かせること。

31 量る＝「図る」「計る」「測る」などの使い分けに注意。

漢字力がつく 同じ漢字で**いろいろな読み方**をするものがあります。例 上（うえ・うわ・かみ・あげる・あがる・のぼる）

6 漢字の読み（特別な読み方）

合かく（50〜35）　もう一歩（34〜26）　がんばれ（25〜　）　得点

次の——線の漢字の読みをひらがなで書きなさい。

1 食後に果物を食べる。（　　）
2 岸からの景色はすばらしい。（　　）
3 わたしは字を書くのが下手だ。（　　）
4 七月七日は星祭りです。（　　）
5 お父さんと野球の練習をする。（　　）
6 若い二人の未来を祝う。（　　）
7 早く大人になりたい。（　　）
8 明日九時にうかがいます。（　　）
9 天候が悪いので雨具を用意する。（　　）
10 にわか雨を木かげでやり過《す》ごす。（　　）
11 四月八日はたん生日です。（　　）
12 岩の間から清水がわいている。（　　）
13 夏物の上着をはおる。（　　）
14 川原で花火を上げる。（　　）
15 子どもが風車を夜店で買った。（　　）
16 柱の時計が十二時を打つ。（　　）
17 今日は十月何日ですか。（　　）
18 おふろそうじを手伝う。（　　）
19 兄は今朝早く出かけた。（　　）
20 毎月一日には神社にお参りする。（　　）
21 酒屋で買い物をする。（　　）
22 二年ぶりに兄さんが帰ってきた。（　　）
23 八百屋の店先に大根がならぶ。（　　）
24 家族で一週間の船旅を楽しむ。（　　）
25 お母さんは買い物に出かけた。（　　）
26 千代紙で工作をする。（　　）

□ 27 その一言で場が白けた。（　　）

□ 28 グラウンドで雪合戦をした。（　　）

□ 29 かれは風上にも置けない男だ。（　　）

□ 30 昨日のことのように思います。（　　）

□ 31 ねる前に雨戸をしめる。（　　）

□ 32 ご兄弟はいらっしゃいますか。（　　）

□ 33 木々の葉が真っ赤にそまる。（　　）

□ 34 今年の七夕は雨だった。（　　）

□ 35 予想を上回る出来ばえだ。（　　）

□ 36 二つ年上の姉さんがいる。（　　）

□ 37 姉は今年から大学生だ。（　　）

□ 38 友達と公園で遊ぶ。（　　）

□ 39 空も晴れ海の色も真っ青だ。（　　）

□ 40 文中に読点を付ける。（　　）

□ 41 色紙を上手に折る。（　　）

□ 42 夜空の天の川を見る。（　　）

□ 43 ドアに金具を取り付ける。（　　）

□ 44 三月二十日に家が完成した。（　　）

□ 45 部屋のもようがえをする。（　　）

□ 46 そうは問屋がおろさない（　　）

□ 47 祖《そ》父は一人旅に出かけた。（　　）

□ 48 役人の天下りが新聞にのる。（　　）

□ 49 弟は今年で九つになる。（　　）

□ 50 かぜで二日もねこんだ。（　　）

ワンポイント

● 中学校で学習するじゅく字訓（一部）

□ あずき―小豆
□ いくじ―意気地
□ かぜ―風邪
□ かわせ―為替
□ さみだれ―五月雨
□ しない―竹刀
□ しらが―白髪

□ つゆ―梅雨
□ なごり―名残
□ ひより―日和
□ みやげ―土産
□ もみじ―紅葉
□ もより―最寄り
□ ゆくえ―行方

□ やまと―大和
□ いなか―田舎
□ えがお―笑顔
□ おとめ―乙女
□ しばふ―芝生
□ ふぶき―吹雪
□ もめん―木綿

漢字力がつく

「常《じょう》用漢字表」でみとめられている漢字の読みの中には、特別な読み方（**じゅく字訓**）として取り上げられているものがあります。特別な読み方は用法がかぎられているので、覚えてしまうようにしましょう。

7 漢字の読み（音と訓）①
——聞いただけでは意味がわかりにくいのが音読み

合かく（50〜35）　もう一歩（34〜26）　がんばれ（25〜　）　得点

次の各組の——線の漢字の読みをひらがなで書きなさい。

1 天体望遠鏡で星を見る。（　　）
2 あらった顔を鏡にうつす。（　　）
3 連休に家族で水族館へ行った。（　　）
4 高い山のみねが連なっている。（　　）
5 借りた本を最後まで読んだ。（　　）
6 中国は世界で最も人口が多い。（　　）
7 祝日は家でゆっくり過《す》ごす。（　　）
8 祖《そ》父のたん生日を祝う。（　　）
9 エジソンの伝記を読む。（　　）
10 糸電話で声を伝える。（　　）
11 栄養のある物を食べる。（　　）
12 スポーツをして体力を養う。（　　）
13 夕食の前に入浴をした。（　　）
14 スズランが日光を浴びて育つ。（　　）
15 今は交通が便利になった。（　　）
16 絵はがきの便りがとどく。（　　）
17 本堂に仏《ほとけ》様を安置する。（　　）
18 置き手紙をして外出する。（　　）
19 品種の改良を重ねる。（　　）
20 テストの点数が良かった。（　　）
21 玉ねぎを包丁で細かく切る。（　　）
22 おにぎりをのりで包む。（　　）
23 試合に負けて残念だ。（　　）
24 宿題の残りを仕上げる。（　　）

25 アユは清流にすむ魚だ。（　　）
26 この湖は清らかな水をたたえる。（　　）
27 教科書の詩を暗唱する。（　　）
28 全員でばんざいを唱える。（　　）
29 間もなく雨の多い季節になる。（　　）
30 この竹は細くて節が多い。（　　）
31 三角形の底辺の長さを測《はか》る。（　　）
32 水中めがねで川の底を見る。（　　）
33 この辺一帯は米所だ。（　　）
34 姉が母に帯をしめてもらう。（　　）
35 念願の海外旅行に出かける。（　　）
36 願い事をたくさん書く。（　　）
37 夜になると街灯がともる。（　　）
38 おしゃれをして街に出かける。（　　）

39 一輪車のタイヤが老化した。（　　）
40 老いた祖《そ》母の体を気づかう。（　　）
41 実験の結果を発表する。（　　）
42 二つの点を直線で結ぶ。（　　）
43 部屋の照明器具を取りかえる。（　　）
44 木々に夕日が照りはえる。（　　）
45 客を別室に案内する。（　　）
46 友達と別れて一人で帰る。（　　）
47 大きな車輪の馬車に乗る。（　　）
48 みんなで輪になっておどる。（　　）
49 公園を歩いて一周する。（　　）
50 地球は太陽の周りを回る。（　　）

ワンポイント

- 木の下《した》にこしを下《お》ろす。
  送りがなのつく漢字は、送りがなによって読み方を判断しましょう。
- 川下《しも》へ下《くだ》る。
  送りがなのつかない漢字は、文の流れから読み方を判断しましょう。

漢字力がつく　**じゅく語の読み方**には、「上の字を音読みすれば、下の字も音読みに、上の字を訓読みすれば、下の字も訓読みする」という法則があります。

8 漢字の読み（音と訓）②

――聞いただけで意味がわかりやすいのが訓読み

次の漢字の読みは、音読み（ア）ですか、訓読み（イ）ですか。記号で答えなさい。〈例〉力《ちから》 → （イ）

□ 1 位《くらい》（　）
□ 2 印《いん》（　）
□ 3 賀《が》（　）
□ 4 塩《しお》（　）
□ 5 欠《けつ》（　）
□ 6 唱《しょう》（　）
□ 7 折《おり》（　）
□ 8 鏡《かがみ》（　）
□ 9 借《しゃく》（　）
□ 10 末《すえ》（　）
□ 11 的《まと》（　）
□ 12 漁《りょう》（　）
□ 13 夫《おっと》（　）

□ 14 粉《こ》（　）
□ 15 未《み》（　）
□ 16 灯《とう》（　）
□ 17 輪《わ》（　）
□ 18 軍《ぐん》（　）
□ 19 孫《まご》（　）
□ 20 兵《へい》（　）
□ 21 建《けん》（　）
□ 22 共《とも》（　）
□ 23 府《ふ》（　）
□ 24 札《さつ》（　）
□ 25 街《まち》（　）
□ 26 衣《ころも》（　）

□ 27 富《ふ》（　）
□ 28 種《たね》（　）
□ 29 望《ぼう》（　）
□ 30 芽《め》（　）
□ 31 旗《はた》（　）
□ 32 争《そう》（　）
□ 33 老《ろう》（　）
□ 34 側《かわ》（　）
□ 35 例《れい》（　）
□ 36 群《ぐん》（　）
□ 37 静《しず》（　）
□ 38 省《せい》（　）
□ 39 巣《す》（　）

□ 40 芸《げい》（　）
□ 41 席《せき》（　）
□ 42 松《まつ》（　）
□ 43 井《い》（　）
□ 44 岡《おか》（　）
□ 45 倉《くら》（　）
□ 46 梅《うめ》（　）
□ 47 香《こう》（　）
□ 48 関《せき》（　）
□ 49 底《そこ》（　）
□ 50 結《けつ》（　）
□ 51 器《き》（　）
□ 52 栄《えい》（　）

合かく	もう一歩	がんばれ	得点
(100～70)	(69～51)	(50～　)	

53 節《ふし》（　　）
54 管《かん》（　　）
55 初《はつ》（　　）
56 飯《めし》（　　）
57 仲《なか》（　　）
58 挙《きょ》（　　）
59 徳《とく》（　　）
60 兆《ちょう》（　　）
61 良《りょう》（　　）
62 鹿《しか》（　　）
63 熱《ねつ》（　　）
64 球《たま》（　　）
65 様《さま》（　　）
66 畑《はたけ》（　　）

67 愛《あい》（　　）
68 束《たば》（　　）
69 品《しな》（　　）
70 各《かく》（　　）
71 息《いき》（　　）
72 不《ふ》（　　）
73 板《いた》（　　）
74 菜《な》（　　）
75 参《さん》（　　）
76 隊《たい》（　　）
77 副《ふく》（　　）
78 根《ね》（　　）
79 協《きょう》（　　）
80 害《がい》（　　）

81 勇《ゆう》（　　）
82 次《つぎ》（　　）
83 必《ひっ》（　　）
84 陸《りく》（　　）
85 主《ぬし》（　　）
86 柱《はしら》（　　）
87 湯《ゆ》（　　）
88 帯《おび》（　　）
89 味《あじ》（　　）
90 民《みん》（　　）

91 荷《に》（　　）
92 部《ぶ》（　　）
93 別《べつ》（　　）
94 君《きみ》（　　）
95 角《かど》（　　）
96 産《さん》（　　）
97 相《あい》（　　）
98 都《みやこ》（　　）
99 城《じょう》（　　）
100 葉《は》（　　）

ワンポイント

①音がいくつもある漢字

中国は長い歴史と広い国土を持った国なので、時代や地いきによって漢字が変わり、音をいくつも持つ漢字ができました。

②訓だけの漢字

伝えられた漢字だけで表現《げん》できないものは、新しい漢字をつくりだしてあてはめました。

漢字力がつく

漢字が中国から伝わってきた時の、中国での発音を元にした読み方が「**音**」、その漢字と同じ意味の日本語を当てはめた読み方が「**訓**」です。

9 書き取り（音読み）① ——文字を正しく書く習慣《かん》を身につける

よく出る

合かく（50〜35）　もう一歩（34〜26）　がんばれ（25〜　）　得点

次の——線のカタカナを漢字になおしなさい。

□ 1 正方形は四**ヘン**形の一つだ。（　　）
□ 2 自**ゼン**の中でのびのびと遊ぶ。（　　）
□ 3 風力を**リ**用して発電する。（　　）
□ 4 音楽の時間に**キ**楽合そうをする。（　　）
□ 5 取れたての野**サイ**を食べる。（　　）
□ 6 社会的に高い地**イ**につく。（　　）
□ 7 門前町が**カン**光客でにぎわう。（　　）
□ 8 先生が大きな声で号**レイ**をかける。（　　）
□ 9 **ボウ**遠鏡で夜空の星を見る。（　　）
□ 10 雨の多い天**コウ**が続いている。（　　）
□ 11 科学の発**タツ**は近年目覚ましい。（　　）
□ 12 漢字を部首で分**ルイ**する。（　　）
□ 13 庭先のアンズの花が**マン**開になる。（　　）
□ 14 言葉の意味を国語辞**テン**で調べる。（　　）
□ 15 学校の約**ソク**やきまりを守る。（　　）
□ 16 ラジオの音楽番組を**ロク**音する。（　　）
□ 17 新人の**セン**手が活やくする。（　　）
□ 18 羊が草原に放**ボク**されている。（　　）
□ 19 ごみを燃《も》やした**ネツ**で発電する。（　　）
□ 20 早ね早起きは健**コウ**に良い。（　　）
□ 21 登山**タイ**がけわしい山道を登る。（　　）
□ 22 中国の人口が十三**オク**をこえた。（　　）
□ 23 都道**フ**県の代表校が決まった。（　　）
□ 24 電車の中で空**セキ**をさがす。（　　）
□ 25 工業地**タイ**の名前を暗記する。（　　）
□ 26 **ソウ**庫に荷物が運びこまれる。（　　）

□ 27 週**マツ**は家族そろって過《す》ごす。（　　　）

□ 28 失敗は成**コウ**のもと（　　　）

□ 29 けがをした指に**ホウ**帯をまく。（　　　）

□ 30 戦**ソウ**に反対し平和を願う。（　　　）

□ 31 スキー教室の**セツ**明を聞く。（　　　）

□ 32 学級会の**ギ**題を黒板に書く。（　　　）

□ 33 方言と**キョウ**通語を使い分ける。（　　　）

□ 34 ストーブに使う**トウ**油を買う。（　　　）

□ 35 世界の動きに**カン**心を持つ。（　　　）

□ 36 かぜで**ケツ**席する人が増《ふ》えた。（　　　）

□ 37 安い品物を大**リョウ**に仕入れる。（　　　）

□ 38 水牛の大**グン**が川をわたる。（　　　）

□ 39 直**ケイ**は円の中心を通る。（　　　）

□ 40 父は自**チ**会の会長をしている。（　　　）

□ 41 教科書の詩を暗**ショウ**する。（　　　）

□ 42 母に習って魚を**リョウ**理する。（　　　）

□ 43 友だちと**ハク**物館を見学する。（　　　）

□ 44 **ショ**秋のさわやかな風がふく。（　　　）

□ 45 **カイ**元されて令和の時代が始まった。（　　　）

□ 46 ごみ問題は今後の大きな**カ**題だ。（　　　）

□ 47 教室で学**ゲイ**会の練習をする。（　　　）

□ 48 ストレスを発**サン**させる。（　　　）

□ 49 母は毎年**カ**実酒を作っている。（　　　）

□ 50 図書館で神話や**デン**説を読む。（　　　）

ワンポイント

漢字を正しく覚えるには、何度も書いて練習することが必要です。正しい書き順で、一点一画をきちんと書くようにしましょう。

また、とめるところ、はねるところ、はらうところ、なども はっきり書きましょう。

×則 ――→ ○則
×故 ――→ ○故
×応 ――→ ○応

漢字力がつく

漢字を覚えるには、何度も書く以外に道はありません。その際《さい》、**「とめ・はね・はらい」**などもおろそかにしてはいけません。

10 書き取り（音読み）② ――とにかく、くり返し書く練習が大切

よく出る

合かく（50～35）　もう一歩（34～26）　がんばれ（25～　）　得点

次の――線のカタカナを漢字になおしなさい。

1 冬の間は日**ショウ**時間が短い。（　）
2 いじめや**サ**別をしない。（　）
3 決勝で負けてとても**ム**念だった。（　）
4 手近なものでエ**フウ**して間に合わせる。（　）
5 その店は代々の子**ソン**が引きついでいる。（　）
6 理科室で岩石の**ヒョウ**本を見る。（　）
7 品種**カイ**良したナシが実る。（　）
8 カレーはわたしの**コウ**物の一つだ。（　）
9 一**リン**車に乗って校庭で遊ぶ。（　）
10 花祭りの様子を取**ザイ**する。（　）
11 かん単な言葉を**エイ**語で話す。（　）
12 妹はまるで**ベツ**人のように変わった。（　）
13 サッカーの試合を観**セン**する。（　）

14 犬は耳や鼻の感**カク**がするどい。（　）
15 青空に**ヒ**行機雲が残っている。（　）
16 学級新聞を印**サツ**して配る。（　）
17 **シュク**日に野球の試合をした。（　）
18 校外へ出て風**ケイ**を写生する。（　）
19 使用した食**キ**をもとの場所にもどす。（　）
20 中学校の入学**アン**内がとどく。（　）
21 授《じゅ》業の**ヨウ**点をノートにまとめる。（　）
22 町に多目的ホールが**カン**成する。（　）
23 三時に待ち合わせる**ヤク**束をした。（　）
24 力を加えボールを**ヘン**形させる。（　）
25 野山に出かけ野鳥を観**サツ**する。（　）
26 夜空をながめ北**キョク**星をさがす。（　）

27 夕方になって気温が**テイ**下した。（　　）

28 賛《さん》成の人は**キョ**手してください。（　　）

29 同じ物を大量に生**サン**する。（　　）

30 母は取りこし苦**ロウ**ばかりしている。（　　）

31 理科の実**ケン**の用意をする。（　　）

32 店の前に**キュウ**人のはり紙をする。（　　）

33 川岸を一人で**サン**歩する。（　　）

34 運動会で第一**イ**になった。（　　）

35 かさを**シャク**用してきた。（　　）

36 ノーベルの**デン**記で読書感想文を書く。（　　）

37 漢字には音読みと**クン**読みがある。（　　）

38 学級会の**シ**会をする。（　　）

39 自転車を通路に放**チ**する。（　　）

40 駅まで**ヒッ**死の思いで走った。（　　）

41 **ロウ**後をのんびりと過《す》ごす。（　　）

42 かれは**シン**用できる友人です。（　　）

43 つかれたので休**ヨウ**をとりたい。（　　）

44 兄は**サイ**終電車で家に帰った。（　　）

45 本部からの指**レイ**を受ける。（　　）

46 台風が日本本土に上**リク**した。（　　）

47 父はこの工事に**カン**係している。（　　）

48 先生になることを**キ**望している。（　　）

49 円**シュウ**の長さを求める。（　　）

50 **レン**日運動会の練習だ。（　　）

ワンポイント

全部ひらがなで書かれた文は、意味が取りにくくて読みづらいものです。

今、庭には二羽にわとりがいる。（ひらがなで書くとどうでしょうか。）

漢字を使うと、文が読みやすくなり、意味を正しく伝えることができるのです。

漢字力がつく

漢字の形を正しく書けるようにすることも大切ですが、どんなにやさしい漢字でも、その**漢字の意味**と、それをふくむ**じゅく語の意味**がわからなければ、正しく書くことができません。

11 書き取り（訓読み）——漢字のもつ意味を理解《かい》しておく

よく出る

合かく	もう一歩	がんばれ	得点
(50～35)	(34～26)	(25～　)	

次の——線のカタカナを漢字になおしなさい。

□ 1 ねん土で作った皿を**ヤ**く。（　　）
□ 2 **シズ**かな部屋で読書にふける。（　　）
□ 3 太陽が水面に**テ**りつける。（　　）
□ 4 茶畑で新**メ**をつむ。（　　）
□ 5 参道をはき**キヨ**めて水を打つ。（　　）
□ 6 まかぬ**タネ**は生えぬ（　　）
□ 7 世界の平和はみんなの**ネガ**いだ。（　　）
□ 8 **ト**びかうホタルを追う。（　　）
□ 9 月が**カ**けていく様子を観察する。（　　）
□ 10 夕方から**ヒ**えこんで少し寒い。（　　）
□ 11 おじからとどいた**ツツ**みを解《と》く。（　　）
□ 12 シャワーを**ア**びてあせを流す。（　　）
□ 13 ヒツジの**ム**れを小屋に追いこむ。（　　）
□ 14 ちりも**ツ**もれば山となる（　　）
□ 15 ネコにかわいい首**ワ**をつけた。（　　）
□ 16 母の作ったにぎり**メシ**をほおばる。（　　）
□ 17 食後に**アツ**いお茶を飲んだ。（　　）
□ 18 妹の**ナ**き声が聞こえてくる。（　　）
□ 19 自転車のサドルを**ヒク**くする。（　　）
□ 20 世界で**モット**も速い電車に乗る。（　　）
□ 21 千代紙を使ってツルを**オ**る。（　　）
□ 22 ひなが**ス**立つ日も近いだろう。（　　）
□ 23 **オビ**に短し、たすきに長し（　　）
□ 24 昔から**シオ**は大切な調味料だ。（　　）
□ 25 バスを**カ**り切って遠足にいく。（　　）
□ 26 午後五時には**カナラ**ず帰ります。（　　）

27 ノコり物には福がある（　　　）

28 青いウメの実が雨にぬれる。（　　　）

29 苦しいときにもノゾみをすてない。（　　　）

30 読めない漢字にシルシをつける。（　　　）

31 友達とナカ直りのあく手をした。（　　　）

32 おじいさんがマゴの写真をとる。（　　　）

33 漢字の筆順を正しくオボえる。（　　　）

34 かり取ったイネをタバねる。（　　　）

35 弟とボールをマトに当てて遊ぶ。（　　　）

36 この町は商業を中心にサカえた。（　　　）

37 百のクライを四しゃ五入する。（　　　）

38 雨ふって地カタまる（　　　）

39 ユーモアにトんだ文章を読む。（　　　）

40 姉は神前で結こん式をアげた。（　　　）

41 友から絵はがきのタヨりがとどく。（　　　）

42 試合の後半はソコ力を出した。（　　　）

43 思いやりの心を持つようツトめる。（　　　）

44 アサい川に入りザリガニをとる。（　　　）

45 妹のたん生日をイワう。（　　　）

46 好天ツヅきのおだやかな正月だ。（　　　）

47 屋上のハタが寒風にひるがえる。（　　　）

48 月のミちかけの様子を調べる。（　　　）

49 水をクワえて調理する。（　　　）

50 家族をヤシナうために働く。（　　　）

ワンポイント

漢字は意味を理解《かい》することも大切です。漢字には同じ音読み・訓読みの漢字がたくさんあるので、文やことばに合わせて正しく書き分けるようにしましょう。

○ 厚《あつ》い本　× 熱い本

○ 計算が合う　× 計算が会う

漢字力がつく

漢字の書き取りでむずかしいのは、**同じ訓**で意味のちがう漢字、**同じ読み方**で意味のちがうじゅく語などが多いことです。

12 書き取り（同じ読みの漢字）① ―― 同じ音読《い》みを持っている漢字（同音異字）

よく出る

合かく（52〜37）　もう一歩（36〜27）　がんばれ（26〜　）　得点

次の――線のカタカナを漢字になおしなさい。

1 テレビの音リョウを下げる。（　　）
2 花だんの土を改リョウする。（　　）
3 円周は直ケイの約三倍だ。（　　）
4 竹林の美しい風ケイに見とれる。（　　）
5 サイ園にキュウリの種をまく。（　　）
6 ドラマのサイ終回を見のがす。（　　）
7 学級新聞を印サツする。（　　）
8 げん関に表サツをかける。（　　）
9 さし身を食キにもり付ける。（　　）
10 ポールの校キが風にはためく。（　　）
11 児童会のフク会長になる。（　　）
12 フク引きで一等賞が当たる。（　　）
13 このところ悪天コウが続く。（　　）
14 わたしのコウ物は果物です。（　　）
15 遠足のおやつは三百円イ内だ。（　　）
16 テストの順イが上がった。（　　）
17 投ヒョウ用紙に名前を書く。（　　）
18 目ヒョウを立てて練習する。（　　）
19 式で校歌を合ショウする。（　　）
20 冬は日ショウ時間が短い。（　　）
21 母が夕食の材リョウを買ってきた。（　　）
22 リョウを終えた船が港に帰る。（　　）
23 町内会のくじに当センする。（　　）
24 となり町と対セン試合を行う。（　　）
25 コウ績を上げて表しょうされる。（　　）
26 健コウしんだんを受ける。（　　）
27 かれはヤク束を必ず守る人だ。（　　）
28 農ヤクを減《へ》らすように努力する。（　　）

29 けがをした足に包**タイ**をまく。（　　）
30 おもちゃの兵**タイ**が行進する。（　　）

31 商店**ガイ**はにぎわっている。（　　）
32 大雨がふると水**ガイ**が心配だ。（　　）

33 文章の**ヨウ**点をまとめる。（　　）
34 栄**ヨウ**のバランスを考える。（　　）

35 政**フ**の発表に耳をかたむける。（　　）
36 海面**フ**近に魚が集まる。（　　）

37 今週は**キュウ**食当番だ。（　　）
38 新聞に**キュウ**人広告《こく》を出す。（　　）

39 百メートル競**ソウ**で一位になる。（　　）
40 店が売り上げの競**ソウ**をする。（　　）

41 父は外国の小**セツ**をよく読む。（　　）
42 こづかいを**セツ**約しお金をためる。（　　）

43 町内の行事に**サン**加する。（　　）
44 川ぞいの道を**サン**歩する。（　　）

45 肉を**テイ**温で保存《ぞん》する。（　　）
46 三角形の**テイ**辺の長さを測《はか》る。（　　）

47 熱帯植物を**カン**賞《しょう》する。（　　）
48 兄はサッカーに**カン**心をもつ。（　　）

49 熱があるので安**セイ**にする。（　　）
50 きちんと部屋を**セイ**理する。（　　）

51 **キ**望したクラブに入れた。（　　）
52 日本は四**キ**の変化に富む。（　　）

ワンポイント

「カ」と音読みする漢字の例を挙げてみるといろいろあります。

(加)入　(可)能《のう》　(化)学　(下)流　(火)災《さい》　(仮)面

(花)粉《ふん》　(価)格《かく》　(果)実　(河)口　(科)学　(夏)期　(家)庭　(貨)車　(過)失　(歌)集　(課)題　(荷)重

漢字力がつく　同じ**音読み**を持っている漢字はたくさんあります。一つ一つの漢字の意味や、その漢字をふくむじゅく語の意味を理解《かい》し、正しく使い分けましょう。

13 書き取り（同じ読みの漢字）②
――漢字の意味を理解《かい》して、使い分ける

よく出る

合かく	もう一歩	がんばれ
(52〜37)	(36〜27)	(26〜　)

得点

次の――線のカタカナを漢字になおしなさい。

1 木材を**カ**物列車で運ぶ。（　　）
2 朝の運動を日**カ**にしている。（　　）

3 都道**フ**県別にチームを組む。（　　）
4 キュリー**フ**人の伝記を読む。（　　）

5 秋の七草を辞**テン**で調べる。（　　）
6 自**テン**車の乗り方を練習する。（　　）

7 今月から**エイ**語を習い始めた。（　　）
8 勝利の**エイ**光にかがやく。（　　）

9 自動車のタイヤが**ロウ**化する。（　　）
10 はん画の作成に苦**ロウ**した。（　　）

11 農業の**キ**械化が進んでいる。（　　）
12 会場に各国の国**キ**がはためく。（　　）

13 ヘリコプターが**テイ**空を飛ぶ。（　　）
14 湖**テイ**の地形を調べる。（　　）

15 冬用の**イ**服をかた付ける。（　　）
16 大雨で川の水**イ**が上がる。（　　）

17 家の近くに**ジ**童公園がある。（　　）
18 新聞記**ジ**をていねいに読む。（　　）

19 **シン**号が青になるのを待つ。（　　）
20 友達といっしょに写**シン**をとる。（　　）

21 **キ**用な手つきでつるを折る。（　　）
22 生徒がいっせいに**キ**立した。（　　）

23 クイズ大会の**シ**会をつとめる。（　　）
24 **シ**作品がようやく完成した。（　　）

25 兄は星の**ケン**究をしている。（　　）
26 祖《そ》父母はともに**ケン**康です。（　　）

27 肉より野**サイ**を多く食べる。（　　）
28 学校の文化**サイ**に出かける。（　　）

29 前の方の客**セキ**にすわる。（　　）
30 昨年は**セキ**雪量が多かった。（　　）

31 げん関の外**トウ**をつける。（　　）
32 店**トウ**に果物がならんでいる。（　　）

33 母が**キョウ**台の前で化しょうする。（　　）
34 社会科の勉**キョウ**は楽しかった。（　　）

35 かぜを引き学校を**ケツ**席する。（　　）
36 練習の**ケツ**果、スキーが上達した。（　　）

37 列車のダイヤが**カイ**正された。（　　）
38 急いで**カイ**だんをかけおりる。（　　）

39 **ショウ**化の良い物を食べる。（　　）
40 みんなで詩を暗**ショウ**する。（　　）

41 号**レイ**に合わせて行進する。（　　）
42 語句《く》の用い方の**レイ**を挙げる。（　　）

43 グラムは重さの**タン**位だ。（　　）
44 昔は石**タン**ストーブを使った。（　　）

45 谷底の**セイ**流の水を飲む。（　　）
46 自分の行いを反**セイ**する。（　　）

47 体育**ソウ**庫にとび箱をしまう。（　　）
48 家族で**ソウ**談して行き先を決める。（　　）

49 解《かい》答を答**アン**用紙に書く。（　　）
50 **アン**記はとても苦手だ。（　　）

51 グループを解《かい》**サン**する。（　　）
52 同じものを大量に生**サン**する。（　　）

ワンポイント

それぞれちがう漢字で、音読みの同じものを同音異《い》字、訓読みの同じものを同訓異《い》字といいます。

漢字には意味があるので、同じ読み方の漢字でも、意味によって使い分ける必要があります。同音・同訓の漢字の使い分けは、漢字学習の重要なポイントです。

漢字力がつく

訓の読み方は同じなのに、表そうとする意味によって漢字がちがうものを「**同訓異字《い》**」といいます。それらの意味を知って、その用い方を区別することが大切です。

14 漢字えらび

——漢字を二字以上組み合わせてできたことばをじゅく語という

よく出る

合かく	もう一歩	がんばれ
(38〜30)	(29〜20)	(19〜　)

得点

次の——線のカタカナに合う漢字をえらんで、記号で答えなさい。

□ 1 キュウ水車を手配する。
(ア 給　イ 求　ウ 急)（　　）

□ 2 目ヒョウを立てて練習する。
(ア 標　イ 表　ウ 票)（　　）

□ 3 新しい校しゃが完セイした。
(ア 正　イ 省　ウ 成)（　　）

□ 4 植物園で入園リョウをはらう。
(ア 量　イ 料　ウ 両)（　　）

□ 5 試験カンがテスト用紙を配る。
(ア 官　イ 完　ウ 関)（　　）

□ 6 落石のため道路がフ通になる。
(ア 夫　イ 府　ウ 不)（　　）

□ 7 雨天のため周ヘンが暗くなる。
(ア 変　イ 返　ウ 辺)（　　）

□ 8 スポーツでキョウ調性を育てる。
(ア 教　イ 協　ウ 競)（　　）

□ 9 水とうにレイ水を入れる。
(ア 令　イ 冷　ウ 例)（　　）

□ 10 先生からのデン言を聞いた。
(ア 伝　イ 電　ウ 田)（　　）

□ 11 農業の機カイ化が進む。
(ア 改　イ 械　ウ 階)（　　）

□ 12 文集の表紙の図アンを考える。
(ア 安　イ 暗　ウ 案)（　　）

□ 13 予センを勝ちぬくことができた。
(ア 選　イ 線　ウ 先)（　　）

□ 14 ざっしのフ録が楽しみだ。
(ア 不　イ 付　ウ 府)（　　）

□ 15 中学生がエイ語を習う。
(ア 栄　イ 英　ウ 泳)（　　）

□ 16 商店ガイを通りぬける。
(ア 外　イ 街　ウ 害)（　　）

□ 17 めずらしい植物がグン生している。
(ア 群　イ 軍　ウ 郡)（　　）

□ 18 つくえの配チを考える。
(ア 地　イ 知　ウ 置)（　　）

□ 19 夏にふじ登山を体**ケン**した。
(ア 建　イ 健　ウ 験)(　　)

□ 20 お祝いのケーキを予**ヤク**する。
(ア 薬　イ 役　ウ 約)(　　)

□ 21 夏物の**イ**服を整理する。
(ア 衣　イ 以　ウ 位)(　　)

□ 22 火事の現場《げん》に**ホウ**水車がやってきた。
(ア 包　イ 方　ウ 放)(　　)

□ 23 ヘチマの生長を観**サツ**する。
(ア 札　イ 察　ウ 刷)(　　)

□ 24 まどから見える風**ケイ**が美しい。
(ア 形　イ 景　ウ 径)(　　)

□ 25 生活に必**ヨウ**な品物を買う。
(ア 洋　イ 養　ウ 要)(　　)

□ 26 たん生日に赤**ハン**を食べた。
(ア 飯　イ 反　ウ 半)(　　)

□ 27 委員会の**ケッ**定にしたがう。
(ア 欠　イ 結　ウ 決)(　　)

□ 28 荷物を**ソウ**庫から運び出す。
(ア 争　イ 想　ウ 倉)(　　)

□ 29 新製品の売れ行きが**テイ**調だ。
(ア 定　イ 低　ウ 底)(　　)

□ 30 おだやかな気**コウ**が続く。
(ア 候　イ 康　ウ 港)(　　)

□ 31 はげまされて**ユウ**気がわいた。
(ア 友　イ 勇　ウ 遊)(　　)

□ 32 音楽**タイ**を先頭に行進する。
(ア 隊　イ 体　ウ 待)(　　)

□ 33 箱の**ソク**面に品名を書く。
(ア 側　イ 足　ウ 速)(　　)

□ 34 重さの**タン**位を学習する。
(ア 短　イ 炭　ウ 単)(　　)

□ 35 **カ**物船で木材を運ぶ。
(ア 貨　イ 化　ウ 課)(　　)

□ 36 くじを引いて**セキ**順を決める。
(ア 積　イ 席　ウ 石)(　　)

□ 37 友達の言葉を**シン**用する。
(ア 親　イ 信　ウ 真)(　　)

□ 38 公**キョウ**の建物を大切にする。
(ア 鏡　イ 競　ウ 共)(　　)

ワンポイント
漢字をさまざまに組み合わせてじゅく語にすることで、新しい意味のことばができます。

漢字力がつく 漢字は**表意文字**（一字一字が意味を表す文字）です。**じゅく語**では意味のある二つの字が重なるので、その結びつき方に注目しましょう。

15 じゅく語を作る ——漢字の意味的な結びつきに注意しよう

よく出る

合かく（28〜20）
もう一歩（19〜15）
がんばれ（14〜　）
得点

上の漢字と下の□の中の漢字を組み合わせて二字のじゅく語を二つ作り、記号で答えなさい。

〈例〉 室　ア外　イ教　ウ海　エ体　オ読　（イ）室・室（ア）

□ 1 器　ア未　イ共　ウ卒　エ食　オ具
（　）器・器（　）

□ 2 満　ア不　イ員　ウ季　エ松　オ貯
（　）満・満（　）

□ 3 約　ア予　イ象　ウ種　エ徒　オ束
（　）約・約（　）

□ 4 衣　ア念　イ得　ウ白　エ郡　オ類
（　）衣・衣（　）

□ 5 静　ア案　イ安　ウ史　エ臣　オ止
（　）静・静（　）

□ 6 願　ア信　イ令　ウ隊　エ書　オ念
（　）願・願（　）

□ 7 側　ア労　イ面　ウ便　エ兆　オ両
（　）側・側（　）

□ 8 漁　ア訓　イ不　ウ輪　エ港　オ借
（　）漁・漁（　）

□ 9 民　ア族　イ市　ウ康　エ老　オ巣
（　）民・民（　）

□ 10 隊　ア浴　イ長　ウ兵　エ飯　オ法
（　）隊・隊（　）

□ 11 灯　ア化　イ消　ウ民　エ台　オ昭
（　）灯・灯（　）

□ 12 議　ア強　イ整　ウ会　エ勉　オ場
議（　）・（　）議

□ 13 続　ア訓　イ経　ウ児　エ発　オ連
（　）続・続（　）

□ 14 標　ア道　イ億　ウ候　エ極　オ本
（　）標・標（　）

□ 15 挙　ア官　イ手　ウ法　エ老　オ選
（　）挙・挙（　）

一つ一つの漢字の意味を思い出し、**じゅく語**がどのような組み立てになっているかを考えると、その**じゅく語**のおおよその意味を知ることができます。

□ 16 失
ア空 イ礼 ウ消 エ鉄 オ表
失（　）・（　）失

□ 17 変
ア化 イ経 ウ健 エ令 オ急
（　）・変・変（　）

□ 18 戦
ア刀 イ作 ウ浅 エ服 オ運
戦（　）・（　）戦

□ 19 録
ア徒 イ協 ウ付 エ画 オ法
（　）・録・録（　）

□ 20 塩
ア囲 イ食 ウ牧 エ官 オ分
（　）・塩・塩（　）

□ 21 類
ア心 イ受 ウ重 エ分 オ語
類（　）・（　）・（　）類

□ 22 牧
ア場 イ唱 ウ伝 エ放 オ令
（　）・牧・牧（　）

□ 23 付
ア送 イ遊 ウ近 エ作 オ利
付（　）・（　）付

□ 24 貨
ア車 イ敗 ウ金 エ唱 オ博
（　）・貨・貨（　）

□ 25 種
ア目 イ的 ウ差 エ品 オ観
（　）・種・種（　）

□ 26 要
ア令 イ休 ウ必 エ求 オ勇
（　）・要・要（　）

□ 27 利
ア械 イ用 ウ勝 エ氏 オ勇
（　）・利・利（　）

□ 28 産
ア老 イ働 ウ業 エ名 オ令
（　）・産・産（　）

ワンポイント

● 二字じゅく語の七つの型

① 「似たものどうしが合体」型
　森林　岩石　回転

② 「反対どうしが合体」型
　大小　生死　高低

③ 「上が、下にかかる」型
　体力　校庭　海底

④ 「下が、上にかかる」型
　登山（山に登る）
　読書（書物を読む）

⑤ 「上が、下を打ち消す」型
　無用（用の無い）
　未完（まだ完成していない）

⑥ 「下が、上に意味をそえる」型
　強化（強くすること）

⑦ 「同じ漢字をくり返す」型
　少々　堂々　代々

16 対義《ぎ》語① ——反対語と対応語を合わせて「対義語」という

よく出る

合かく（41〜30）　もう一歩（29〜20）　がんばれ（19〜　）　得点

❶ 後の□の中のひらがなを漢字になおして、意味が反対や対《つい》になることば（対義《ぎ》語）を書きなさい。□の中のひらがなは一度だけ使い、漢字一字を書きなさい。〈例〉内海—外海

(1)
- □ 有形—1形（　）
- □ 海洋—大2（　）
- □ 熱湯—3水（　）
- □ 失敗—成4（　）
- □ 欠ける—5ちる（　）

こう　みむ　りく　れい

(2)
- □ 点灯—1灯（　）
- □ 勝者—2者（　）
- □ 声楽—3楽（　）
- □ 来年—4年（　）
- □ 不和—円5（　）

しょう　き　さく　はい　まん

(3)
- □ 決定—1定（　）
- □ 単発—2発（　）
- □ 集中—分3（　）
- □ 便利—4便（　）
- □ 深い—5い（　）

あさ　さん　み　ふ　れん

(4)
- □ 集まる—1る（　）
- □ 有名—2名（　）
- □ 平和—3争（　）
- □ 最悪—最4（　）
- □ 遠方—近5（　）

せん　ち　む　ぺん　りょう

(5)

□ 年始—年1（　）
□ 冷水—2水（　）
□ 泣く—3う（　）
□ 病気—健4（　）
□ 特有—5通（　）

おん　こう
まつ　きょう　わら

(6)

□ 冷たい—1い（　）
□ 本業—2業（　）
□ 中止—3行（　）
□ 最後—最4（　）
□ 始発—5着（　）

あつ　しゅう
ぞっ　しょ　ふく

(7)

□ 人工—天1（　）
□ 平等—2別（　）
□ 勝つ—3れる（　）
□ 悪筆—4筆（　）
□ 流動—5定（　）

さ　たっ　ねん
こ　やぶ

❷ 次の組み合わせのうち対義《ぎ》語の関係のものには○を、そうでないものには×を書きなさい。

□ 1 男性—女性（　）
□ 2 外海—公海（　）
□ 3 起点—終点（　）
□ 4 幸運—不運（　）
□ 5 医者—医師（　）
□ 6 入学—卒業（　）

ワンポイント

共通する漢字がふくまれている対義《ぎ》語では、共通していない方の漢字に注目しましょう。

上品 ⇔ 下品

漢字力がつく

対義《ぎ》語の問題は、漢字の書き取りの問題をかねています。答えとなることばを知っていても、漢字で正しく書き表すことができなければなりません。

17 対義《ぎ》語 ②

——ことばを増《ふ》やし、ことばの意味をより深く理解《かい》していこう

よく出る

合かく	もう一歩	がんばれ	得点
(35〜25)	(24〜15)	(14〜　)	

❶ 次の組み合わせが、意味が反対になることば（対義《ぎ》語）の関係になるように、□に当てはまる漢字をそれぞれ下の〔　〕から選び、一字だけ書きなさい。

□ 1 平行—交□ 〔代・差・作〕（　）
□ 2 明日—□日 〔昨・作・後〕（　）
□ 3 先生—生□ 〔戸・図・徒〕（　）
□ 4 起立—着□ 〔石・席・赤〕（　）
□ 5 主食—□食 〔副・福・服〕（　）
□ 6 客車—□車 〔加・家・貨〕（　）
□ 7 直線—□線 〔曲・点・波〕（　）
□ 8 未完—完□ 〔生・成・星〕（　）
□ 9 入学—□業 〔卒・終・習〕（　）
□ 10 高音—□音 〔底・定・低〕（　）

□ 11 期待—□望 〔希・失・無〕（　）
□ 12 中心—周□ 〔辺・変・返〕（　）
□ 13 弱小—□大 〔強・教・協〕（　）
□ 14 海面—海□ 〔岸・底・中〕（　）
□ 15 出席—□席 〔結・欠・決〕（　）
□ 16 平和—□争 〔戦・先・選〕（　）
□ 17 積極—□極 〔消・笑・勝〕（　）
□ 18 真水—□水 〔塩・雨・湖〕（　）
□ 19 悪化—□転 〔幸・高・好〕（　）
□ 20 受信—□信 〔送・相・争〕（　）

❷ 次の組み合わせが対義語《ぎ》の関係になるように、後の□の中のひらがなを漢字になおして書きなさい。□の中のひらがなは一度だけ使い、漢字一字を書きなさい。

1 楽観―□観（　）
2 出場―□場（　）
3 連勝―連□（　）
4 年始―年□（　）
5 運動―□止（　）
6 無学―□学（　）
7 白昼―□夜（　）
8 文明―□開（　）
9 期待―失□（　）
10 終末―当□（　）
11 集中―分□（　）
12 病気―健□（　）
13 共通―□有（　）
14 休息―労□（　）
15 立体―平□（　）

こ　こう　さん　しょ　しん
せい　ひ　どう　けつ　ぱい
はく　ぼう　まつ　み　めん

ワンポイント
● 対義語《ぎ》の四つの型
① 「一字が反対で、一字が同じ」型
多量―少量　地上―地下
② 「二字とも反対」型
前進―後退《たい》　増《ぞう》加―減《げん》少
③ 「意味が反対」型
理想―現実　肉体―精《せい》神
④ 「打ち消しの漢字が上に付く」型
「非」「否《ひ》」「不」「無」「未」などの、打ち消しの漢字が付いて、反対の意味を表すものです。
当番―非番　幸福―不幸

漢字力がつく
「漢検《けん》」では、**反対語**（大―小のように、反対の意味を持つことば）と対応《おう》語（男―女のように、二つのことばを対応《おう》させて、一組のものとしていることば）を合わせて「**対義《ぎ》語**」としています。

18 部首 ① ——部首は漢字の組み立ての部分であり、字を分類する目印

よく出る

合かく (32〜25)
もう一歩 (24〜15)
がんばれ (14〜)
得点

❶ 次の部首のなかまの漢字で□にあてはまる漢字一字を書きなさい。〈例〉亻（にんべん）例《れい》文・本体《たい》

□ 1 艹（くさかんむり） □《えい》語・□《く》労・野□《さい》
（　）（　）（　）

□ 2 刂（りっとう） □《ふく》業・□《り》用・整□《れつ》・□《ぜん》進
（　）（　）（　）（　）

□ 3 言（ごんべん） □《か》題・会□《ぎ》・□《せつ》明
（　）（　）（　）

□ 4 力（ちから） 成□《こう》・□《ゆう》気・苦□《ろう》・□《ど》力
（　）（　）（　）（　）

□ 5 氵（さんずい） □《ぎょ》船・□《しょう》化・□《まん》足・自□《ち》会
（　）（　）（　）（　）

□ 6 十（じゅう） □《はく》物館・□《きょう》力・□《そつ》業
（　）（　）（　）

□ 7 金（かねへん） □《てつ》道・記□《ろく》・手□《かがみ》
（　）（　）（　）

□ 8 口（くち） □《かっ》国・楽□《き》・□《しゅう》囲
（　）（　）（　）

□ 9 灬（れんが・れっか） □《しょう》明・□《む》害・天□《ねん》
（　）（　）（　）

□ 10 辶（しんにょう・しんにゅう） □《れん》勝・周□《へん》・発□《たつ》・□《せん》出
（　）（　）（　）（　）

□ 11 阝（こざとへん） □《りく》地・楽□《たい》・二□《かい》
（　）（　）（　）

□ 12 宀（うかんむり） 観□《さつ》・水□《がい》・外交□《かん》
（　）（　）（　）

□ 13 竹（たけかんむり） □《せつ》分・気□《かん》・筆□《ばこ》
（　）（　）（　）

□ 14 儿（ひとあし・にんにょう） □《じ》童・□《げん》気・一□《ちょう》円
（　）（　）（　）

□ 15 广（まだれ） 健□《こう》・□《ふ》県・□《にわ》先
（　）（　）（　）

□ 16 牛（うしへん）
□《とく》色・放□《ぼく》・食□《もつ》
（　）（　）（　）

□ 17 木（きへん）
機□《かい》・□《ひょう》語・表□《さつ》・南□《きょく》
（　）（　）（　）（　）

□ 18 禾（のぎへん）
面□《せき》・人□《しゅ》・□《か》学
（　）（　）（　）

□ 19 頁（おおがい）
□《がん》面・念□《がん》・人□《るい》
（　）（　）（　）

□ 20 糸（いとへん）
連□《ぞく》・□《りょく》地・□《きゅう》水車
（　）（　）（　）

□ 21 食（しょくへん）
赤□《はん》・旅□《かん》・□《の》み物
（　）（　）（　）

□ 22 攵（のぶん・ぼくづくり）
□《かい》良・発□《さん》・□《はい》北
（　）（　）（　）

□ 23 心（こころ）
記□《ねん》・予□《そう》・□《きゅう》流
（　）（　）（　）

□ 24 亻（にんべん）
□《べん》利・通□《しん》・□《そく》面・労□《どう》
（　）（　）（　）（　）

❷ 次に示《しめ》す部首の種類が、漢字の中でどこに位置するかを後の□から選び、記号で答えなさい。

□ 1 へん（　）
□ 2 たれ（　）
□ 3 にょう（　）
□ 4 つくり（　）

ア イ ウ エ

❸ 次のひらがなで示された部首を持った漢字を後の□から選び、記号で答えなさい。

□ 1 てへん（　）
□ 2 つちへん（　）
□ 3 おおがい（　）
□ 4 がんだれ（　）

ア 城　イ 指　ウ 原　エ 順

漢字力がつく

部首は漢字をわかりやすくするための仕分け方法です。漢字の一部分をつくる部首は、付く場所が決まっています。また部首は意味を表しています。**漢和辞典**で調べましょう。

19 部首②

——部首の種類は、へん・つくり・かんむり・あし・たれ・にょう・かまえに大別される

よく出る

合かく（45～32）
もう一歩（31～22）
がんばれ（21～　）
得点

❶ 次の漢字に共通する部首を（　）の中に書きなさい。

〈例〉湖　治　池　流　波（氵）

□ 1 佐　候　健　位　借（　）
□ 2 指　折　拾　打　持（　）
□ 3 努　功　勉　動　助（　）
□ 4 愛　感　悲　悪　急（　）
□ 5 案　未　束　栄　来（　）
□ 6 芸　苦　英　草　落（　）
□ 7 箱　答　笑　節　笛（　）
□ 8 兆　元　光　先　児（　）
□ 9 右　君　問　司　和（　）
□ 10 画　申　番　畑　男（　）
□ 11 列　前　別　副　利（　）

□ 12 題　頭　順　顔　類（　）
□ 13 無　熱　然　点　照（　）
□ 14 陽　陸　院　階　隊（　）
□ 15 昼　暑　景　春　昔（　）
□ 16 数　整　散　放　敗（　）
□ 17 後　径　徒　徳　役（　）
□ 18 市　席　帳　希　帯（　）
□ 19 庫　府　度　店　底（　）
□ 20 天　央　夫　太　失（　）
□ 21 官　寒　宿　実　完（　）
□ 22 南　半　博　卒　千（　）
□ 23 遠　速　連　週　運（　）

❷ 次の漢字の部首と部首名を後の□の中からそれぞれ選び、記号で書きなさい。

〈例〉 訓　部首（お）　部首名（イ）

1 郡　部首（　）　部首名（　）

2 願　部首（　）　部首名（　）

3 固　部首（　）　部首名（　）

4 礼　部首（　）　部首名（　）

5 照　部首（　）　部首名（　）

あ 厂　い 灬　う 礻　え 頁　お 言
か 艹　き 阝　く 阝　け 衤　こ 口

ア くにがまえ　イ ごんべん　ウ おおがい　エ くさかんむり　オ おおざと　カ こざとへん　キ がんだれ　ク れんが・れっか　ケ しめすへん　コ ころもへん

❸ 次の漢字の部首と部首名を後の□の中からそれぞれ選び、記号で書きなさい。

1 児　部首（　）　部首名（　）

2 折　部首（　）　部首名（　）

3 省　部首（　）　部首名（　）

4 節　部首（　）　部首名（　）

5 底　部首（　）　部首名（　）

6 刷　部首（　）　部首名（　）

あ 力　い 广　う 豕　え 扌　お 土
か 冖　き 目　く 刂　け 小　こ 儿
さ 月　し ⺮

ア たけかんむり　イ ひとあし・にんにょう　ウ しょう　エ りっとう　オ てへん　カ ちから　キ まだれ　ク ぶた・いのこ　ケ つち　コ つき　サ め　シ わかんむり

漢字力がつく

部首は七種類に大別されますが、それ以外にそのどれにも属《ぞく》さない「その他」に分類される部首があります。**部首の特ちょうと部首名**をしっかり覚えましょう。

20 筆順・総《そう》画数 ①

——筆順の大原則は「左から右へ」「上から下へ」

合かく	もう一歩	がんばれ	得点
(84〜60)	(59〜40)	(39〜　)	

次の上の漢字の太い画のところは筆順の何画目か、下の漢字の総《そう》画数は何画か、算用数字（1、2、3、……）で答えなさい。

〈例〉正（3）　字（6）

□ 1 単（　）
□ 2 徳（　）
□ 3 陸（　）
□ 4 挙（　）
□ 5 梅（　）
□ 6 阜（　）
□ 7 初（　）
□ 8 城（　）
□ 9 要（　）
□ 10 郡（　）

□ 11 散（　）
□ 12 管（　）
□ 13 副（　）
□ 14 輪（　）
□ 15 健（　）
□ 16 験（　）
□ 17 録（　）
□ 18 博（　）
□ 19 達（　）
□ 20 議（　）

□ 21 別（　）
□ 22 努（　）
□ 23 臣（　）
□ 24 械（　）
□ 25 試（　）
□ 26 成（　）
□ 27 印（　）
□ 28 単（　）
□ 29 結（　）
□ 30 貨（　）

□ 31 戦（　）
□ 32 機（　）
□ 33 漁（　）
□ 34 残（　）
□ 35 飯（　）
□ 36 観（　）
□ 37 孫（　）
□ 38 官（　）
□ 39 働（　）
□ 40 便（　）

41 □ 席（　　）
42 □ 隊（　　）
43 □ 無（　　）
44 □ 芸（　　）
45 □ 栄（　　）
46 □ 労（　　）
47 □ 求（　　）
48 □ 案（　　）
49 □ 良（　　）
50 □ 然（　　）
51 □ 勇（　　）
52 □ 芽（　　）

53 □ 包（　　）
54 □ 量（　　）
55 □ 変（　　）
56 □ 康（　　）
57 □ 給（　　）
58 □ 愛（　　）
59 □ 望（　　）
60 □ 帯（　　）
61 □ 候（　　）
62 □ 課（　　）
63 □ 塩（　　）
64 □ 旗（　　）

65 □ 鏡（　　）
66 □ 以（　　）
67 □ 径（　　）
68 □ 老（　　）
69 □ 希（　　）
70 □ 群（　　）
71 □ 億（　　）
72 □ 牧（　　）
73 □ 最（　　）
74 □ 灯（　　）

75 □ 節（　　）
76 □ 願（　　）
77 □ 連（　　）
78 □ 器（　　）
79 □ 辺（　　）
80 □ 類（　　）
81 □ 建（　　）
82 □ 徒（　　）
83 □ 倉（　　）
84 □ 標（　　）

漢字力がつく

筆順のとおりに書くと、書きやすいだけでなく、美しい形で正しく書けます。また、字も覚えやすいものです。その字を習うときに、しっかり頭に入れておきましょう。

ワンポイント

漢字は点と線でできています。この点や線を画《かく》といい、一つの漢字を組み立てている画の数を総《そう》画数といいます。

ひと続きに書く線は、たとえ曲がっていても一画として数えます。

21 筆順・総《そう》画数 ②

——画数はその字を何回で書くかという数

合かく	もう一歩	がんばれ	得点
(49〜34)	(33〜25)	(24〜)	

❶ 次の漢字の太い画のところは筆順の何画目ですか。また。総《そう》画数は何画ですか。算用数字（1、2、3、……）で答えなさい。

	漢字	何画目	総《そう》画数
□ 1	卒	（　）	（　）
□ 2	争	（　）	（　）
□ 3	典	（　）	（　）
□ 4	続	（　）	（　）
□ 5	軍	（　）	（　）
□ 6	功	（　）	（　）
□ 7	佐	（　）	（　）
□ 8	周	（　）	（　）
□ 9	置	（　）	（　）
□ 10	刷	（　）	（　）
□ 11	熱	（　）	（　）
□ 12	副	（　）	（　）
□ 13	参	（　）	（　）
□ 14	果	（　）	（　）
□ 15	季	（　）	（　）
□ 16	察	（　）	（　）
□ 17	辞	（　）	（　）
□ 18	束	（　）	（　）
□ 19	養	（　）	（　）
□ 20	清	（　）	（　）
□ 21	焼	（　）	（　）
□ 22	積	（　）	（　）
□ 23	種	（　）	（　）
□ 24	産	（　）	（　）
□ 25	好	（　）	（　）
□ 26	覚	（　）	（　）
□ 27	残	（　）	（　）

❷ 次の漢字を例にならって筆順を書きなさい。

〈例〉 位（ノ イ 亻 亻 位 位）

□ 1 必（　　　）
□ 2 灯（　　　）
□ 3 飛（　　　）
□ 4 児（　　　）
□ 5 関（　　　）
□ 6 選（　　　）
□ 7 票（　　　）
□ 8 料（　　　）
□ 9 極（　　　）
□ 10 祝（　　　）
□ 11 約（　　　）
□ 12 照（　　　）

□ 13 兆（　　　）
□ 14 香（　　　）
□ 15 城（　　　）
□ 16 底（　　　）
□ 17 菜（　　　）
□ 18 満（　　　）
□ 19 節（　　　）
□ 20 競（　　　）
□ 21 巣（　　　）
□ 22 改（　　　）

ワンポイント

● あやまりやすい筆順の漢字

道 安 駅 化 階 区 県
幸 報 取 州 使 薬 旅
希 極 別

気 左 右 出 車 赤 年
何 歌 弓 黄 国 麦 通

漢字力がつく

画数をどのようにして数えるのかというと、**筆順が基準《きじゅん》**になります。画数を数えるときの注意点は、**ひとつづきに書く線は、一画**として数えるということです。

22 漢字と送りがな ①

——漢字の読み方によって送りがなのつけ方がことなる

よく出る

合かく（48～34）
もう一歩（33～25）
がんばれ（24～　）
得点

次の——線のカタカナを○の中の漢字と送りがな（ひらがな）で書きなさい。

〈例〉 (正) タダシイ字を書く。 （正しい）

1 (香) 花びんにさしたユリがカオル。（　　）
2 (敗) おしくも決勝戦でヤブレル。（　　）
3 (挙) 教会で結こん式をアゲル。（　　）
4 (省) 時間のむだをハブク。（　　）
5 (争) 水泳選手が一位をアラソウ。（　　）
6 (祝) 母のたん生日をイワウ。（　　）
7 (包) 品物をふろしきにツツム。（　　）
8 (改) 自分の悪いくせをアラタメル。（　　）
9 (照) かい中電灯で夜道をテラス。（　　）
10 (浅) アサイ川に入って遊ぶ。（　　）
11 (結) かみの毛をリボンでムスブ。（　　）
12 (養) スポーツで体力をヤシナウ。（　　）
13 (固) 荷物を一か所にカタメて置く。（　　）
14 (働) 一生けん命にハタラク。（　　）
15 (別) 転校する友達とワカレル。（　　）
16 (伝) 良くないうわさがツタワル。（　　）
17 (覚) かみなりの音で目をサマス。（　　）
18 (清) 神社の前で手をキヨメル。（　　）
19 (低) 気温のヒクイ日が続いた。（　　）
20 (残) こづかいのノコリが少なくなる。（　　）
21 (唱) じゅ文を三回トナエル。（　　）
22 (付) 子犬に首輪をツケル。（　　）
23 (笑) 赤ちゃんがにっこりワラウ。（　　）
24 (冷) まどからツメタイ風がふきこむ。（　　）
25 (求) 計算して正しい答えをモトメル。（　　）

26 群 まいたパンくずにハトがムレル。（　）
27 浴 受賞して世間の注目をアビル。（　）
28 加 サッカーのチームにクワワル。（　）
29 栄 商業の中心地としてサカエル。（　）
30 努 体力の向上にツトメル。（　）
31 必 朝食を毎日カナラズ食べる。（　）
32 失 やる気と自信をウシナウ。（　）
33 選 話し合いで代表者をエラブ。（　）
34 満 バケツに水をミタス。（　）
35 望 世界が平和になることをノゾム。（　）
36 量 ふろから上がり体重をハカル。（　）
37 焼 魚がヤケルのを待つ。（　）
38 欠 転んで前歯が一本カケル。（　）
39 例 人生をマラソンにタトエル。（　）

40 勇 イサマシイたいこの音がひびく。（　）
41 束 かみの毛をリボンでタバネル。（　）
42 借 図書館で本をカリル。（　）
43 治 薬を飲んでかぜをナオス。（　）
44 試 新しい方法を何度もココロミル。（　）
45 連 バスをツラネテ旅行する。（　）
46 初 海をハジメテ見た。（　）
47 静 シズカナ部屋で休息する。（　）
48 参 母と寺へおマイリする。（　）

ワンポイント

●送りがなの基《き》本原則《そく》をまず理解《かい》する

活用のある語（語形が変化する語）は活用語び（語の変化する部分）から送ります。

動詞《し》なら「書く」「生きる」「考える」のように、形容《よう》詞《し》なら「寒い」「高い」のように送るということです。

ただし、「美しい」のような「し」で終わる形容《よう》詞《し》は「し」から送ります。

漢字力がつく

送りがなで大切なのは、訓読みの力です。つまり活用がある語の語幹《かん》（変化しない部分）を正しく理解《かい》するということです。

23 漢字と送りがな ②

——送りがなの基本《き》原則《そく》をまず理解《かい》する

よく出る

合かく	もう一歩	がんばれ
(48～34)	(33～25)	(24～　)

得点

次の——線のカタカナを○の中の漢字と送りがな(ひらがな)で書きなさい。

〈例〉 (正) タダシイ字を書く。 (正しい)

□ 1 (治) 胃のいたみがやっとオサマル。 (　　)
□ 2 (失) 大切にしていた時計をウシナウ。 (　　)
□ 3 (戦) ゆう勝を目指して全力でタタカウ。 (　　)
□ 4 (借) 図書室で本をカリル。 (　　)
□ 5 (果) 力走して体力を使いハタス。 (　　)
□ 6 (願) 神前で手を合わせネガイ事をする。 (　　)
□ 7 (冷) みなにヒヤカサれても気にしない。 (　　)
□ 8 (覚) 漢字の書き順をオボエル。 (　　)
□ 9 (求) 世界の人々が平和をモトメル。 (　　)
□ 10 (好) わたしのコノミの色は青です。 (　　)
□ 11 (欠) 大事な皿がカケル。 (　　)
□ 12 (折) 古くなったかさのほねがオレル。 (　　)

□ 13 (散) 部屋中におもちゃをチラカス。 (　　)
□ 14 (働) みんなとハタラコウ。 (　　)
□ 15 (争) 小さい事で弟と言いアラソウ。 (　　)
□ 16 (続) 朝の体そうを毎日ツヅケル。 (　　)
□ 17 (加) コーヒーにさとうをクワエル。 (　　)
□ 18 (飛) 野原で竹とんぼをトバス。 (　　)
□ 19 (温) アタタカイスープを飲む。 (　　)
□ 20 (省) むだなことはできるだけハブク。 (　　)
□ 21 (伝) 手すりをツタッテ歩く。 (　　)
□ 22 (周) 湖のマワリの景色がすばらしい。 (　　)
□ 23 (辺) アタリがすっかり暗くなる。 (　　)
□ 24 (熱) 兄がアツイお茶を飲む。 (　　)
□ 25 (最) 日本でモットモ高い山は富《ふ》士山だ。 (　　)

☐ 26 ㊁変 山の天気は**カワリ**やすい。（　　）

☐ 27 ㊁建 新しい家を**タテル**。（　　）

☐ 28 ㊁産 元気な男の子が**ウマレル**。（　　）

☐ 29 ㊁整 身なりを**トトノエ**て出かけた。（　　）

☐ 30 ㊁成 大事業を**ナシ**とげた。（　　）

☐ 31 ㊁帯 ほおが赤みを**オビル**。（　　）

☐ 32 ㊁冷 赤ちゃんのミルクを**サマス**。（　　）

☐ 33 ㊁初 **ハジメテ**海外旅行をした。（　　）

☐ 34 ㊁便 上京した兄から**タヨリ**がとどく。（　　）

☐ 35 ㊁転 ボールが坂を**コロガル**。（　　）

☐ 36 ㊁積 工事費用を見**ツモル**。（　　）

☐ 37 ㊁拾 落としたものを**ヒロウ**。（　　）

☐ 38 ㊁老 年を取り体が**オイル**。（　　）

☐ 39 ㊁悲 **カナシイ**知らせを聞いた。（　　）

☐ 40 ㊁苦 必死で走り息が**クルシク**なった。（　　）

☐ 41 ㊁曲 トラックが角を右に**マガル**。（　　）

☐ 42 ㊁始 電車の運転が**ハジマル**。（　　）

☐ 43 ㊁集 コアラを見るため人が**アツマッタ**。（　　）

☐ 44 ㊁決 自由席で行くことを**キメル**。（　　）

☐ 45 ㊁申 よろしくお願い**モウシ**上げます。（　　）

☐ 46 ㊁深 秋も**フカマリ**もみじも色付いた。（　　）

☐ 47 ㊁起 朝早く**オキル**と気持ちが良い。（　　）

☐ 48 ㊁反 手を上げて体を大きく**ソラス**。（　　）

ワンポイント

● 送りがなは訓読みの力を問われる

送りがなの問題では、どれだけ漢字の訓読みを理解《かい》しているかがポイントになってきます。つまり、動詞《し》や形容詞《ようし》など、活用がある語の語幹《かん》（変化しない部分）を正しく理解《かい》しているかどうかということです。例えば、「満」の字の場合、「満ちる」「満たす」とあり、文章中の意味に合わせて、正しい送りがなを選ばなければなりません。

漢字力がつく

送りがなの出題は、内かく告示《じ》の「送り仮名《がな》の付け方」がよりどころとなっています。特に「**単独《どく》の語**」における「**活用のある語**」の部分が大切です。

実力完成テスト (1)

時間 60分
合かく点 140/200
得点

答えには、常用《じょう》漢字の旧《きゅう》字体や表外漢字および常用《じょう》漢字音訓表以外の読みを使ってはいけない。

(一) 次の——線の**漢字の読みをひらがな**で書きなさい。 (20) 1×20

1 ドライブの前に給油しておく。（　　）
2 古い建物が保《ほ》ぞんされている。（　　）
3 科学の発達は人々の生活を変えた。（　　）
4 春に備《そな》えて巣箱の手入れをする。（　　）
5 犬を連れて買い物に行く。（　　）
6 念願かなって海外旅行に出発する。（　　）
7 岩の間から冷たい水がわき出る。（　　）
8 ミカンを選別して箱につめる。（　　）
9 客が先を争って入場する。（　　）

(二) 次の各組の——線の**漢字の読みをひらがな**で書きなさい。 (10) 1×10

1 チョウの種類を調べる。（　　）
2 畑で種まきをする。（　　）
3 音楽会のプログラムを印刷する。（　　）
4 読めない漢字に印を付ける。（　　）
5 試合に負けて残念だ。（　　）
6 夏でも山に雪が残っている。（　　）
7 チョウが静止している。（　　）
8 校長先生の話を静かに聞く。（　　）
9 勝利の栄光をたたえる。（　　）
10 京都は昔、都として栄えた。（　　）

(四) 次の上の漢字の**太い画**のところは筆**順の何画目**か、下の漢字の**総《そう》画数**は**何画**か、**算用数字**(1、2、3、…)で答えなさい。 (10) 1×10

〈例〉 正（3） 字（6）

1 建（　） 6 察（　）
2 隊（　） 7 倉（　）
3 無（　） 8 陸（　）
4 試（　） 9 戦（　）
5 笑（　） 10 健（　）

(五) 次の漢字の読みは、**音読み(ア)**ですか、**訓読み(イ)**ですか。**記号**で答えなさい。 (20) 2×10

〈例〉 力《ちから》 → （イ）

1 札《さつ》（　）
6 折《おり》（　）

10 どんな場合にも冷静に行動しよう。（　　）

11 冬鳥が群れをなして飛ぶ。（　　）

12 機械を使って労力を省く。（　　）

13 トラックから積み荷をおろす。（　　）

14 遠足で各自がごみを持ち帰る。（　　）

15 弟の病気が治って安心した。（　　）

16 日本は世界でも指折りの工業国だ。（　　）

17 変化に富んだ風景が広がる。（　　）

18 会場に上ばきを持参する。（　　）

19 体育大会の開会式が挙行された。（　　）

20 遠くの親類より近くの他人（　　）

(三) 次の――線の**カタカナ**に合う**漢字**をえらんで、**記号**で答えなさい。 (20) 2×10

1 細いガラス**カン**を熱して曲げる。（ア 関　イ 官　ウ 管）（　　）

2 春夏秋冬を四**キ**という。（ア 機　イ 季　ウ 気）（　　）

3 母に**ホウ**丁の使い方を教わる。（ア 放　イ 法　ウ 包）（　　）

4 駅前の百**カ**店で買い物をする。（ア 貨　イ 加　ウ 果）（　　）

5 読書で教**ヨウ**を身に付ける。（ア 要　イ 様　ウ 養）（　　）

6 **シン**号機のない交差点をわたる。（ア 臣　イ 信　ウ 進）（　　）

7 言葉の意味を**ジ**典で調べる。（ア 辞　イ 次　ウ 持）（　　）

8 畑を耕《たがや》すのは重労**ドウ**だ。（ア 動　イ 童　ウ 働）（　　）

9 運動場に世界の国**キ**をかざる。（ア 希　イ 季　ウ 旗）（　　）

10 **リョウ**心にはじない行動をする。（ア 料　イ 良　ウ 量）（　　）

2 仲《なか》（　　）

3 城《じょう》（　　）

4 夫《おっと》（　　）

5 関《せき》（　　）

7 末《まっ》（　　）

8 芽《め》（　　）

9 無《ぶ》（　　）

10 位《くらい》（　　）

(六) 後の□の中のひらがなを漢字になおして、意味が反対や対《つい》になることば（対義《ぎ》語）を書きなさい。□の中のひらがなは**一度だけ**使い、**漢字一字**を書きなさい。 (10) 2×5

〈例〉内海―（外）海

1 公営《えい》―（　　）営

2 決定―（　　）定

3 真水―（　　）水

4 悪化―（　　）転

5 先生―生（　　）

こう・しお・みん・と・み

(七) 次の——線のカタカナを○の中の漢字と送りがな(ひらがな)で書きなさい。

(14) 2×7

〈例〉 (正) タダシイ字を書く。 (正しい)

1 (必) 食後にカナラズ歯をみがこう。 (　　)

2 (加) セメントに水をクワエル。 (　　)

3 (改) 出発前に持ち物をアラタメル。 (　　)

4 (覚) 朝早く目がサメル。 (　　)

5 (唱) みんなでおまじないをトナエル。 (　　)

6 (欠) 毎朝のあいさつをカカサない。 (　　)

7 (満) バケツに水をミタス。 (　　)

(九) 次の——線のカタカナを漢字になおして書きなさい。

(16) 2×8

1 相手の話にキョウ感する。 (　　)

2 キョウ面に光が反射《しゃ》する。 (　　)

3 交通安全のヒョウ語を作る。 (　　)

4 両親は近くの投ヒョウ所に行く。 (　　)

5 食事のサイ中に電話がかかる。 (　　)

6 畑で野サイを作る。 (　　)

7 商店ガイに買い物に行く。 (　　)

8 イネのガイ虫を退治《たい》する。 (　　)

(十) 次の——線のカタカナを漢字になおして書きなさい。

(40) 2×20

1 川にホタルがトびかう。 (　　)

2 大豆の発ガの様子を観察する。 (　　)

3 アジサイの花が少し赤みをオびる。 (　　)

4 石油をサン出する。 (　　)

5 無人島に上リクする。 (　　)

6 パンをこんがりヤく。 (　　)

7 かさを電車にオきわすれる。 (　　)

8 遠アサの海を歩く。 (　　)

9 母は音楽をアイしている。 (　　)

(八) 次の部首のなかまの漢字で、□にあてはまる漢字一字を書きなさい。 (20) 2×10

〈例〉 亻（にんべん）
例《れい》文・本体《たい》

ア 彳（ぎょうにんべん）
半□1《けい》・□2《たい》機・人□3《とく》

（1　）（2　）（3　）

イ 攵（のぶん・ぼくづくり）
□4《かい》心・□5《はい》者・分□6《さん》

（4　）（5　）（6　）

ウ 辶（しんにょう・しんにゅう）
□7《せん》手・□8《そく》度・上□9《たつ》・海□10《べ》

（7　）（8　）（9　）（10　）

(十) 上の漢字と下の□の中の漢字を組み合わせて二字のじゅく語を二つ作り、記号で答えなさい。 (20) 2×10

〈例〉 室 ［ア外 イ教 ウ海 エ体 オ読］ イ室 室ア

一、願 ［ア令 イ書 ウ要 エ勉 オ念］ 1願 願2 （1　）（2　）

二、辞 ［ア博 イ典 ウ末 エ祝 オ灯］ 3辞 辞4 （3　）（4　）

三、牧 ［ア放 イ景 ウ極 エ隊 オ場］ 5牧 牧6 （5　）（6　）

四、約 ［ア的 イ季 ウ予 エ飯 オ束］ 7約 約8 （7　）（8　）

五、成 ［ア競 イ完 ウ単 エ輪 オ長］ 9成 成10 （9　）（10　）

10 オいてもこうき心をわすれない。（　）

11 白いチョウがナの花にとまる。（　）

12 毛筆の書き方のショ歩を習う。（　）

13 来年のことを言えばおにがワラう（　）

14 サッカーの試合をロク画する。（　）

15 いなほが実り頭をヒクくたれる。（　）

16 図形の面積をモトめる問題を解《と》く。（　）

17 気に入った食キに料理をもる。（　）

18 ライトで足もとを明るくテらす。（　）

19 沿海ギョ業に従《じゅう》事する。（　）

20 雨ふって地カタまる（　）

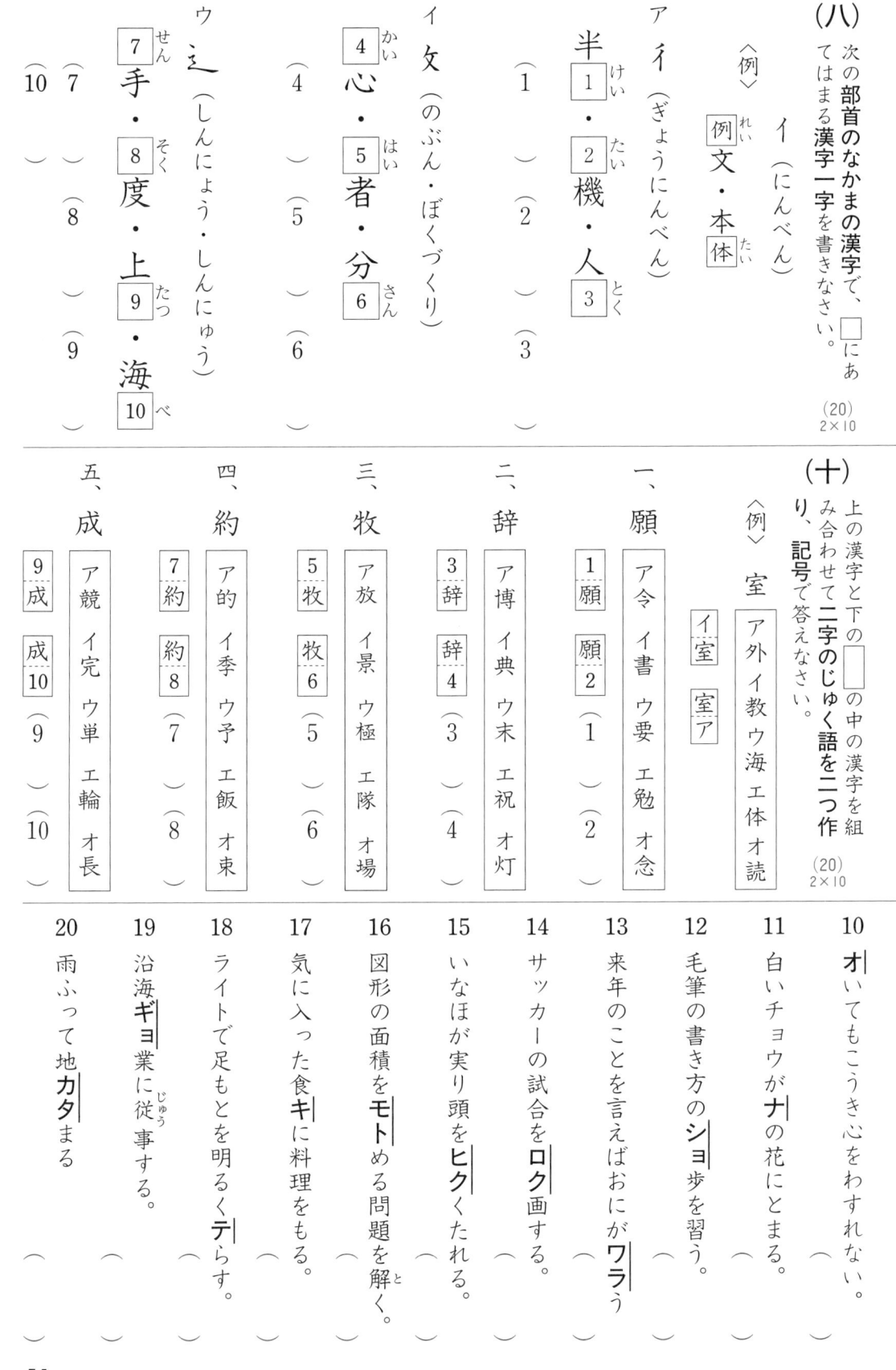

実力完成テスト ⑵

時間 60分　合かく点 140/200　得点

答えには、常《じょう》用漢字の旧《きゅう》字体や表外漢字および常《じょう》用漢字音訓表以外の読みを使ってはいけない。

(一) 次の——線の**漢字の読み**を**ひらがな**で書きなさい。 (20) 1×20

1 固い決意で試合にのぞむ。（　）
2 文章の要点をノートに書く。（　）
3 新雪が朝の光を浴びてかがやく。（　）
4 薬の副作用の研究を進める。（　）
5 声高らかにばんざいを唱える。（　）
6 晴れた夜空に北極星がかがやく。（　）
7 よごれた空気は健康の害になる。（　）
8 花だんにアサガオの種をまく。（　）
9 リンゴが大量に市場にとどいた。（　）

(二) 次の各組の——線の**漢字の読み**を**ひらがな**で書きなさい。 (10) 1×10

1 バッタの大群が作物を食いあらす。（　）
2 スズメの群れがさわがしい。（　）
3 さいふに千円札を入れる。（　）
4 むねに名札を付けている。（　）
5 原料を加工して製品にする。（　）
6 調味料を加えて味を付ける。（　）
7 結局雨で祭りは中止された。（　）
8 おみくじを枝《えだ》に結ぶ。（　）
9 行楽客で電車は満員だった。（　）
10 部屋に花のかおりが満ちている。（　）

(四) 次の上の漢字の**太い画**のところは筆**順の何画目**か、下の漢字の**総《そう》画数は何画**か、**算用数字**（1、2、3、…）で答えなさい。 (10) 1×10

〈例〉正（3）—字（6）

1 単（　）（　）
2 要（　）（　）
3 例（　）（　）
4 低（　）（　）
5 差（　）（　）
6 博（　）（　）
7 康（　）（　）
8 城（　）（　）
9 静（　）（　）
10 愛（　）（　）

(五) 次の漢字の読みは、**音読み(ア)**ですか、**訓読み(イ)**ですか。**記号**で答えなさい。 (20) 2×10

〈例〉力《ちから》 → （イ）

1 約《やく》（　）（　）
6 的《てき》（　）（　）

10 この辺りには自然が残っている。（　）
11 きりが発生し街灯がかすんで見える。（　）
12 選手団《だん》の旗手をつとめる。（　）
13 日曜祝日のデパートは客でにぎわう。（　）
14 かすかな目印を見つけて進む。（　）
15 各種の製品を取りそろえる。（　）
16 たまごを大小に選別する。（　）
17 王女様役のせりふを覚える。（　）
18 さか上がりを何度も試みる。（　）
19 相手チームが強くて苦戦した。（　）
20 焼け石に水（　）

(三) 次の――線のカタカナに合う漢字をえらんで、記号で答えなさい。 (20) 2×10

1 今月のざっしにフ録がつく。（ア 府　イ 夫　ウ 付）（　）
2 かぜのため十分な休ヨウをとる。（ア 洋　イ 養　ウ 葉）（　）
3 ハイキングに弁当を持サンする。（ア 山　イ 算　ウ 参）（　）
4 母との約ソクをやぶりしかられた。（ア 息　イ 束　ウ 速）（　）
5 旅行かばんにイ類を入れる。（ア 以　イ 意　ウ 衣）（　）
6 夏休みに帰セイする。（ア 成　イ 省　ウ 清）（　）
7 この円の半ケイは五センチだ。（ア 径　イ 軽　ウ 係）（　）
8 キョウ力して学級新聞を作る。（ア 競　イ 強　ウ 協）（　）
9 近くの公園をサン歩する。（ア 散　イ 算　ウ 産）（　）
10 おだやかな天コウが続いている。（ア 好　イ 候　ウ 功）（　）

2 治《ち》（　）（　）
3 鏡《かがみ》（　）（　）
4 印《しるし》（　）（　）
5 給《きゅう》（　）（　）
7 孫《まご》（　）（　）
8 巣《す》（　）（　）
9 残《ざん》（　）（　）
10 輪《わ》（　）（　）

(六) 後の□の中のひらがなを漢字になおして、意味が反対や対になることば（対義語《ぎ》）を書きなさい。□の中のひらがなは一度だけ使い、漢字一字を書きなさい。 (10) 2×5

〈例〉 内海―（外）海

1 勝者―（　）者
2 美点―（　）点
3 弱小―（　）大
4 向上―（　）下
5 最悪―最（　）

きょう・けっ・てい・はい・りょう

(七) 次の――線のカタカナを○の中の漢字と送りがな(ひらがな)で書きなさい。 (14) 2×7

〈例〉 ㊣ タダシイ字を書く。 (正しい)

1 (試) メダカを増《ふ》やそうとココロミル。 (　　)

2 (付) パンにバターをツケル。 (　　)

3 (残) 給食をノコサず食べる。 (　　)

4 (覚) 真夜中に目がサメル。 (　　)

5 (働) 朝から夕方までハタラク。 (　　)

6 (必) 毎日カナラズ朝食を食べる。 (　　)

7 (失) 家をウシナッた人をみまう。 (　　)

(九) 次の――線のカタカナを漢字になおして書きなさい。 (16) 2×8

1 放カ後の校庭で遊ぶ。 (　　)

2 カ物列車が通り過《す》ぎる。 (　　)

3 ショウ化の良い物を食べる。 (　　)

4 部屋のショウ明を明るくする。 (　　)

5 カルタ大会にサン加した。 (　　)

6 夕ぐれに海岸をサン歩する。 (　　)

7 きず口に包タイをまく。 (　　)

8 おもちゃの兵タイをならべる。 (　　)

(十) 次の――線のカタカナを漢字になおして書きなさい。 (40) 2×20

1 自転車は道路の左ガワを通る。 (　　)

2 学校のプールの水はツメたかった。 (　　)

3 発電に太陽の光をリ用する。 (　　)

4 図書館でシズかに本を読む。 (　　)

5 先生が命の大切さをアツく語る。 (　　)

6 試験に合格するようにネガう。 (　　)

7 六月十日は時の記ネン日だ。 (　　)

8 早ね早起きは健コウに良い。 (　　)

9 大きなカガミの前でポーズをとる。 (　　)

10 色付いた山里の風ケイが美しい。 (　　)

(八) 次の部首のなかまの漢字で、□にあてはまる漢字一字を書きなさい。 (20) 2×10

〈例〉 イ（にんべん） 例《れい》文・本体《たい》

ア 言（ごんべん）

協1《ぎ》・相2《だん》・小3《せつ》

（1　　）（2　　）（3　　）

イ 宀（うかんむり）

観4《さつ》・5《がい》虫・長6《かん》

（4　　）（5　　）（6　　）

ウ 艹（くさかんむり）

新7《め》・8《えい》語・9《げい》人・山10《さい》

（7　　）（8　　）（9　　）（10　　）

(十) 上の漢字と下の□の中の漢字を組み合わせて二字のじゅく語を二つ作り、記号で答えなさい。 (20) 2×10

〈例〉 室　ア外　イ教　ウ海　エ体　オ読　→　イ室　室ア

一、固　ア軍　イ観　ウ定　エ強　オ昨　→　1固　固2　（1　　）（2　　）

二、徒　ア歩　イ以　ウ治　エ令　オ生　→　3徒　徒4　（3　　）（4　　）

三、念　ア票　イ記　ウ願　エ案　オ完　→　5念　念6　（5　　）（6　　）

四、変　ア色　イ戦　ウ別　エ功　オ急　→　7変　変8　（7　　）（8　　）

五、陸　ア知　イ法　ウ大　エ沖　オ地　→　9陸　陸10　（9　　）（10　　）

---

11 工作に使うザイ料を集める。（　　）

12 スきな教科は算数と国語だ。（　　）

13 水道の水を節ヤクして使う。（　　）

14 シオは欠かせない調味料だ。（　　）

15 部屋にウメの花を一輪かざる。（　　）

16 急ぎの手紙を速タツで出す。（　　）

17 おくり物をふろしきにツツむ。（　　）

18 七月に市長の選キョが行われる。（　　）

19 わたしは四人兄弟のスエの子だ。（　　）

20 兄はロボットにカン心を持っている。（　　）

実力完成テスト ⑶

時間 60分　合かく点 140/200　得点

答えには、常用《じょう》漢字の旧《きゅう》字体や表外漢字および常用《じょう》漢字音訓表以外の読みを使ってはいけない。

（一）次の――線の**漢字の読み**をひらがなで書きなさい。(20) 1×20

1 決勝戦でおしくも敗れた。（　）
2 雨でぬれた衣服をかわかす。（　）
3 二ひきの犬が仲良くじゃれている。（　）
4 新しい表札に取りかえる。（　）
5 お目にかかれて光栄です。（　）
6 好きな詩を母の前で暗唱する。（　）
7 庭の梅のつぼみがほころぶ。（　）
8 松島は景勝の地として知られる。（　）
9 大漁で港はにわかに活気づく。（　）

（二）次の各組の――線の**漢字の読み**をひらがなで書きなさい。(10) 1×10

1 勇気ある武士《ぶ》の伝記を読む。（　）
2 勇ましい行進曲で入場する。（　）

3 弟は一輪車に夢《む》中だ。（　）
4 新しい店の前に花輪がならぶ。（　）

5 入学願書に名前を記入する。（　）
6 願いがかなうようにいのる。（　）

7 イネの品種を改良する。（　）
8 悪い所は直ちに改める。（　）

9 今日の最高気温は二十度だった。（　）
10 兄はわが家で最も身長が高い。（　）

（四）次の上の漢字の**太い画**のところは筆**順の何画目**か、下の漢字の**総《そう》画数**は何画か、**算用数字**（1、2、3、…）で答えなさい。(10) 1×10

〈例〉正（3）―字（6）

1 孫（　）　6 験（　）
2 栃（　）　7 続（　）
3 郡（　）　8 競（　）
4 機（　）　9 潟（　）
5 旗（　）　10 建（　）

（五）次の漢字の読みは、**音読み**（ア）ですか、**訓読み**（イ）ですか。**記号**で答えなさい。(20) 2×10

〈例〉力《ちから》 → （イ）

1 菜《な》（　）
6 続《ぞく》（　）

10 北国から初雪の便りがとどく。（　）
11 朝の電車はいつも満員だ。（　）
12 地球は太陽の周りを回っている。（　）
13 わかい陸上の選手を養成する。（　）
14 小鳥がえさを求めて庭に来る。（　）
15 熊よけの鈴を持って山道を歩く。（　）
16 兄と清流で魚つりをする。（　）
17 高い山には夏でも残雪がある。（　）
18 図工で木版《はん》画を刷る。（　）
19 親しい友達と街角で出会った。（　）
20 良薬は口に苦し（　）

（三） 次の――線の**カタカナ**に合う**漢字**をえらんで、**記号**で答えなさい。 (20) 2×10

1 英語の**タン**語を暗記する。
（ア 単　イ 短　ウ 炭）（　）
2 やじうまの**グン**集がおしよせる。
（ア 群　イ 郡　ウ 軍）（　）
3 作文をていねいに**セイ**書する。
（ア 整　イ 清　ウ 省）（　）
4 昔の遊びに**カン**心を持つ。
（ア 観　イ 寒　ウ 関）（　）
5 かまぼこの原**リョウ**は魚だ。
（ア 量　イ 漁　ウ 料）（　）
6 民主政**ジ**について学ぶ。
（ア 辞　イ 治　ウ 事）（　）
7 リンゴを**カ**工した商品を開発する。
（ア 果　イ 課　ウ 加）（　）
8 日本の大部分は温**タイ**に位置する。
（ア 隊　イ 体　ウ 帯）（　）
9 ポスターの図**アン**を考える。
（ア 安　イ 案　ウ 暗）（　）
10 各係で反**セイ**会を開く。
（ア 清　イ 静　ウ 省）（　）

2 松《まつ》（　）（　）
3 共《きょう》（　）（　）
4 唱《しょう》（　）（　）
5 梅《ばい》（　）（　）
7 節《ふし》（　）（　）
8 便《べん》（　）（　）
9 種《たね》（　）（　）
10 側《かわ》（　）（　）

（六） 後の□の中のひらがなを漢字になおして、意味が反対や対《つい》になることば（対義《ぎ》語）を書きなさい。□の中のひらがなは**一度だけ**使い、**漢字一字**を書きなさい。 (10) 2×5

〈例〉 内海―（外）海

1 平和―（　）争
2 期待―（　）望
3 欠ける―（　）ちる
4 発病―全（　）
5 中止―（　）行

しつ・ぞっ・ち・せん・み

(七) 次の——線のカタカナを○の中の漢字と送りがな(ひらがな)で書きなさい。 (14) 2×7

〈例〉 ㊣ タダシイ字を書く。 (正しい)

1 ㊒求 旅先で宿をモトメル。 (　)
2 借 図書館で図かんをカリル。 (　)
3 必 今日中にカナラズやります。 (　)
4 連 遠くに山がツラナッている。 (　)
5 望 高台から遠くをノゾム。 (　)
6 浴 大臣の発言が注目をアビル。 (　)
7 選 二学期の学級委員をエラブ。 (　)

(九) 次の——線のカタカナを漢字になおして書きなさい。 (16) 2×8

1 キ会をのがさずちょうせんする。 (　)
2 校キを持って先頭に立つ。 (　)
3 古い道具をソウ庫にしまう。 (　)
4 計算の速さを競ソウする。 (　)
5 窓《まど》から広大なテイ園を望む。 (　)
6 音の高テイを聞き分ける。 (　)
7 遠足は天コウにめぐまれた。 (　)
8 空コウから飛行機に乗る。 (　)

(十) 次の——線のカタカナを漢字になおして書きなさい。 (40) 2×20

1 ヘリコプターが屋上に着リクする。 (　)
2 ホウセンカのタネが飛びちる。 (　)
3 新しくオボえた歌を口ずさむ。 (　)
4 各地の特サン物を地図に書きこむ。 (　)
5 社長が重要な書ルイに目を通す。 (　)
6 使ったかさをきちんとオりたたむ。 (　)
7 子どもの成長をイワう。 (　)
8 大雨でダムの貯水リョウが増《ふ》えた。 (　)
9 バナナの皮は茶色にカわる。 (　)
10 スタートの号レイがかかった。 (　)

(八) 次の部首のなかまの漢字で、□にあてはまる漢字一字を書きなさい。 (20) 2×10

〈例〉 亻（にんべん）
例《れい》文・本体《たい》

ア 竹（たけかんむり）
[1]《わら》う・[2]《せつ》分・口[3]《ぶえ》

(1)（　　） (2)（　　） (3)（　　）

イ 广（まだれ）
健[4]《こう》・海[5]《てい》・[6]《ふ》県名

(4)（　　） (5)（　　） (6)（　　）

ウ 口（くち）
[7]《き》用・[8]《かく》地・[9]《し》会・[10]《しゅう》辺

(7)（　　） (8)（　　） (9)（　　） (10)（　　）

(十) 上の□の中の漢字と下の□の中の漢字を組み合わせて二字のじゅく語を二つ作り、記号で答えなさい。 (20) 2×10

〈例〉 室 ［ア外 イ教 ウ海 エ体 オ読］ イ室 室ア

一、付 ［ア景 イ民 ウ受 エ録 オ博］ [1]付 付[2] (1)（　　）(2)（　　）

二、結 ［ア末 イ決 ウ各 エ連 オ化］ [3]結 結[4] (3)（　　）(4)（　　）

三、録 ［ア画 イ記 ウ材 エ械 オ積］ [5]録 録[6] (5)（　　）(6)（　　）

四、養 ［ア票 イ分 ウ休 エ民 オ信］ [7]養 養[8] (7)（　　）(8)（　　）

五、熱 ［ア器 イ湯 ウ季 エ高 オ勇］ [9]熱 熱[10] (9)（　　）(10)（　　）

11 休む理由を電話でツタえる。（　　）

12 図画でセイ物画をかく。（　　）

13 くつのひもをしっかりムスび直す。（　　）

14 リコーダーはカン楽器だ。（　　）

15 カマキリはトモ食いをする。（　　）

16 ヘチマの育ち方を観サツする。（　　）

17 校庭のポプラの葉がチり始める。（　　）

18 セツ明文を読んで感想を書く。（　　）

19 兄は三月に中学校をソツ業する。（　　）

20 今ナいたからすがもうわらう（　　）

実力完成テスト ⑷

答えには、常用《じょう》漢字の旧字《きゅう》体や表外漢字および常用《じょう》漢字音訓表以外の読みを使ってはいけない。

時間 60分　合かく点 140/200　得点

(一) 次の——線の漢字の読みをひらがなで書きなさい。(20) 1×20

1 身近な問題をクラスで協議する。（　　）
2 月の満ち欠けを図で表す。（　　）
3 公園でクモの巣を見つける。（　　）
4 交通安全をよびかける標語を作る。（　　）
5 ロケットの打ち上げに成功する。（　　）
6 食事の後には必ず歯をみがく。（　　）
7 犬の置物を部屋にかざる。（　　）
8 待ち時間に駅の周辺を歩く。（　　）
9 木の葉が赤みを帯びてきた。（　　）

(二) 次の各組の——線の漢字の読みをひらがなで書きなさい。(10) 1×10

1 連休に家族で旅行する。（　　）
2 犬を連れて公園に行く。（　　）
3 父は自治会の役員をしている。（　　）
4 歯料医院へ行って虫歯を治す。（　　）
5 工場で大量の紙を生産する。（　　）
6 愛犬がかわいい子犬を産んだ。（　　）
7 富国強兵をめざす。（　　）
8 その国は資源《しげん》に富んでいる。（　　）
9 大水で橋が流失した。（　　）
10 人ごみの中で妹を見失う。（　　）

(四) 次の上の漢字の太い画のところは筆順の何画目か、下の漢字の総《そう》画数は何画か、算用数字（1、2、3、…）で答えなさい。(10) 1×10

〈例〉 正（3）—字（6）

1 節（　　）
2 兆（　　）
3 民（　　）
4 衣（　　）
5 害（　　）
6 巣（　　）
7 類（　　）
8 置（　　）
9 鏡（　　）
10 願（　　）

(五) 次の漢字の読みは、音読み（ア）ですか、訓読み（イ）ですか。記号で答えなさい。(20) 2×10

〈例〉 力《ちから》 → （イ）

1 老《ろう》（　　）
6 街《まち》（　　）

10 せん伝用のちらしを刷って配る。（　　）
11 この列車は十六両連結だ。（　　）
12 新緑の山がもやに包まれる。（　　）
13 駅の案内図を見て道を確《たし》かめる。（　　）
14 旅先でみやげに民芸品を買う。（　　）
15 だん落ごとに行を改める。（　　）
16 一日も欠かさず新聞を読む。（　　）
17 台所に消火器を備《そな》え付ける。（　　）
18 のどかな田園の風景を写生する。（　　）
19 天神様に書道の上達を願う。（　　）
20 人を見て法を説く（　　）

(三) 次の――線の**カタカナ**に合う**漢字**をえらんで、**記号**で答えなさい。 (20) 2×10

1 校内マラソンを**カン**走した。（ア官　イ関　ウ完）（　　）
2 畑の野**サイ**がよく育った。（ア菜　イ祭　ウ西）（　　）
3 かりたお金を**セイ**算する。（ア清　イ成　ウ静）（　　）
4 新聞の**キュウ**人広告を見ている。（ア給　イ急　ウ求）（　　）
5 上級生として自**カク**を持つ。（ア各　イ覚　ウ角）（　　）
6 車は交差点を右**セツ**した。（ア折　イ節　ウ説）（　　）
7 先生が大声で号**レイ**をかける。（ア令　イ礼　ウ例）（　　）
8 公**キョウ**物を大切にあつかう。（ア教　イ共　ウ協）（　　）
9 競泳には勝つ自**シン**がある。（ア信　イ臣　ウ身）（　　）
10 植物は根から**ヨウ**分をとる。（ア洋　イ葉　ウ養）（　　）

2 必《ひっ》（　　）
3 帯《おび》（　　）
4 管《くだ》（　　）
5 景《けい》（　　）
7 束《たば》（　　）
8 漁《りょう》（　　）
9 飯《めし》（　　）
10 固《こ》（　　）

(六) 後の□の中のひらがなを漢字になおして、意味が反対や対《つい》になることば（対義《ぎ》語）を書きなさい。□の中のひらがなは**一度だけ**使い、**漢字一字**を書きなさい。 (10) 2×5

〈例〉内海―（外）海

1 深い―（　　）い
2 熱湯―（　　）水
3 不便―便（　　）
4 集中―分（　　）
5 消極―（　　）極

あさ・さん・せっ・り・れい

(七) 次の——線のカタカナを○の中の漢字と送りがな(ひらがな)で書きなさい。

(14) 2×7

〈例〉 (正) タダシイ字を書く。 (正しい)

1 (包) 辺り一面きりにツツマれる。 (　　)

2 (伝) 先生のことづけを母にツタエル。 (　　)

3 (治) 薬を飲んで病気をナオス。 (　　)

4 (結) ネクタイのムスビ目をほどく。 (　　)

5 (敗) 決勝戦でおしくもヤブレル。 (　　)

6 (別) 駅前で友達とワカレル。 (　　)

7 (付) 花かごにリボンをツケル。 (　　)

(九) 次の——線のカタカナを漢字になおして書きなさい。

(16) 2×8

1 夏のイ服を整理する。 (　　)
2 メートルは長さの単イだ。 (　　)

3 火事で文化財《ざい》がショウ失した。 (　　)
4 合ショウコンクールに出る。 (　　)

5 改サツ口を通りぬける。 (　　)
6 ヘチマの観サツ日記をつける。 (　　)

7 太ヨウがまぶしい。 (　　)
8 話のヨウ点をメモする。 (　　)

(十) 次の——線のカタカナを漢字になおして書きなさい。

(40) 2×20

1 父はザン業で家に帰るのがおそい。 (　　)
2 国会のギ員は国民によって選ばれる。 (　　)
3 太い大根をワ切りにする。 (　　)
4 青い海がハてしなく広がっている。 (　　)
5 父は国サンの自動車に乗っている。 (　　)
6 健コウに気をつけて生活する。 (　　)
7 トク産品で町おこしをする。 (　　)
8 家族みんなでナカ良くくらす。 (　　)
9 このリョウ金は税《ぜい》こみだ。 (　　)
10 転校する友達に花タバをおくる。 (　　)

(八) 次の部首のなかまの漢字で□にあてはまる漢字一字を書きなさい。 (20) 2×10

〈例〉 亻（にんべん）　例《れい》文・本体《たい》

ア 刂（りっとう）
印[1]《さつ》・[2]《ふく》食・便[3]《り》
（1　）（2　）（3　）

イ 力（ちから）
苦[4]《ろう》・参[5]《か》・成[6]《こう》
（4　）（5　）（6　）

ウ 阝（こざとへん）
[7]《りく》地・病[8]《いん》・二[9]《かい》
登山[10]《たい》
（7　）（8　）（9　）
（10　）

(十) 上の漢字と下の□の中の漢字を組み合わせて二字のじゅく語を二つ作り、記号で答えなさい。 (20) 2×10

〈例〉 室　ア外 イ教 ウ海 エ体 オ読　イ室　室ア

一、灯　ア君 イ卒 ウ台 エ単 オ消　[1]灯　灯[2]　（1　）（2　）

二、訓　ア練 イ芸 ウ教 エ民 オ案　[3]訓　訓[4]　（3　）（4　）

三、底　ア児 イ船 ウ参 エ辺 オ軍　[5]底　底[6]　（5　）（6　）

四、積　ア雪 イ達 ウ祝 エ面 オ良　[7]積　積[8]　（7　）（8　）

五、挙　ア貨 イ手 ウ漁 エ足 オ選　[9]挙　挙[10]　（9　）（10　）

11 図書室で本を二さつカりる。（　）

12 里山の自ゼンを守る活動をする。（　）

13 細かい手ツヅきにうんざりする。（　）

14 記ネンカードを買うために行列する。（　）

15 敵《てき》にシオを送る。（　）

16 電トウをつけて部屋を明るくする。（　）

17 みんなが平和をノゾんでいる。（　）

18 長年のドカが実を結ぶ。（　）

19 父は自動車工場でハタラいている。（　）

20 このカオりが好きだ。（　）

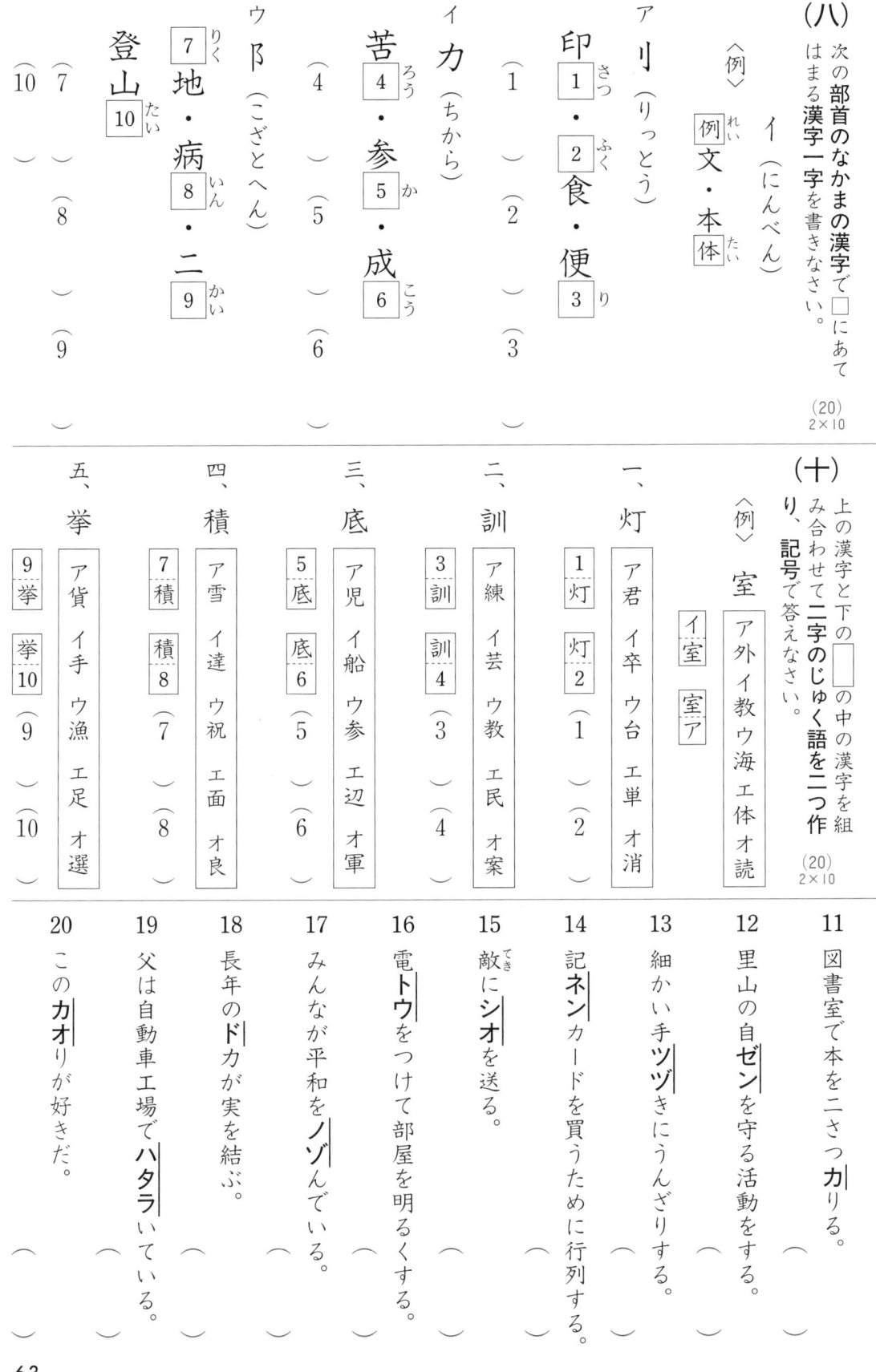

「日本漢字能力検定」の受検の申し込み方法や検定実施日など，検定の詳細につきましては，「日本漢字能力検定協会」のホームページなどをご参照ください。

また，本書に関する最新情報は，当社ホームページにある本書の「サポート情報」をご覧ください。(開設していない場合もございます。)

漢字検定7級 トレーニングノート

編著者 絶対合格プロジェクト

発行者 岡　本　泰　治

印刷所 株式会社ユニックス

発行所

©株式会社 増進堂

大阪市西区新町2丁目19番15号

TEL(06)6532-1581(代) 〒550-0013

FAX(06)6532-1588

落丁・乱丁本はお取り替えします。

髙廣製本　Printed in Japan

解《かい》答《とう》編《へん》

——漢字検定《けんてい》7級トレーニングノート

（×は、まちがえやすい例を示《しめ》したものです。）

●2〜3ページ

1 漢字の読み

1 みんしゅく
2 えいよう
3 さくや ×さくよ
4 ほうぼく
5 しっぱい
6 とうひょう
7 さが
8 ちあん ×じあん
9 じょうか
10 きょうぎ
11 あいどく
12 つうしん
13 ろくが
14 なんきょく
15 そくめん
16 まんかい
17 きしょう
18 じどう
19 ろうどう
20 いっきょ
21 さんおくえん
22 こてい
23 いちりん ×いちわ
24 じゅうさんち
25 れい
26 よくしつ
27 きせい ×きしょう
28 ふい
29 さほう ×さくほう
30 ほうちょう
31 しぜん
32 ぶんき
33 れんぱつ
34 くろう
35 こじか
36 せきはん
37 ふく
38 じてん
39 どりょく
40 せんしゅ
41 ざいりょう
42 きゅうとうき ×きゅうゆき
43 ひつよう
44 でんたつ
45 さんか
46 かいさつぐち
47 めいれい
48 かんれい
49 がいちゅう
50 むり

●4〜5ページ

2 漢字の読み

1 けんこう
2 ちょうろう
3 がっき
4 きょうそう
5 ふうけい
6 べんり
7 しゅうへん
8 きねん
9 たいりょう
10 きろく
11 しょほ
12 かじつ ×かみ
13 けつまつ
14 ねっちゅう
15 ひょうほん
16 じんるい
17 ゆうこう
18 きせつ
19 しかい
20 せいりゅう
21 すいどうかん
22 しめい
23 そうこ
24 とほ
25 とうだい
26 こっき
27 せいこう
28 たんい
29 てんこう
30 こうがい
31 りょうしん
32 ぎょこう
33 しきてん
34 かん
35 ひらい
36 やまなし

●チェックしよう

▼音読み・訓読みを理解する

漢字の読みには音読みと訓読みとがあり、漢字を覚えるときには、この音読みと訓読みの両方を正確《かく》に覚える必要があります。

また、「下」（カ・ゲ・した・しも・さ〈がる〉・お〈ろす〉・もと・くだ〈る〉）のように、一つの漢字で複《ふく》数の音読みや訓読みをするものもあります。

37 いるい
38 しんりんよく
39 じゅんちょう
40 けっか
41 しょうめい
42 けっせき
43 じょうりく
44 たいけん
45 さべつ
46 かくち
47 あいけん
48 かんこう
49 みかく
50 げい

●6~7ページ

3 漢字の読み

1 あんがい
2 やさい
3 いんさつ
4 どうとく
5 かだい
6 ついきゅう
7 くんれん
8 とくゆう
9 せいさん
10 めんせき
11 いったい
12 きょうかん
13 きぼう
14 せつめい
15 だいじん
16 きかんしゃ
17 ふきん
18 ちょう
19 しゅくでん
20 かんさつ
21 へんか
22 れんぞく
23 たいいん
24 しょくえん
25 がいろ
26 かんぜん
27 やくそく
28 ぐたいてき
29 ふけん
30 えいご
31 りょう
32 そつぎょう
33 いち
34 しあい
35 さいご
36 みらい
37 はつが ×はつめ
38 がんぼう
39 ぐんて
40 ぼうえんきょう
41 ぐんぶ
42 ほうち
43 はんせい
44 ざんねん
45 ばいう
46 はいぼく
47 せいよう
48 さいてい
49 ていへん
50 ゆうき

●8~9ページ

4 漢字の読み

1 しるし
2 まご
3 かか
4 あらそ
5 はた
6 もと
7 かた
8 まわ
9 ふし ×せつ
10 はぶ
11 ものしず
12 がわ
13 くわ
14 なお
15 と
16 くらい
17 いわ
18 お
19 しおや
20 いさ
21 ねが
22 なかま
23 せき
24 いど
25 しろ
26 わら
27 な
28 あ
29 かなめ
30 くだ
31 つと
32 おきなわ
33 やぶ
34 おび
35 たたか
36 なふだ
37 こころ
38 み
39 あさ
40 のぞ
41 はじ
42 ち
43 おっと
44 さ
45 すえ
46 た
47 な
48 とも
49 えら

●チェックしよう

▼訓は日本語読み

訓読みは日本語の意味を漢字にあてはめた読み方です。同じようなことがらを表すのに同じ漢字を使うため、一つの漢字で多くの訓読みをもつものがあります。

〔生〕生《い》きる　生《は》える　生《なま》水　生《き》まじめ　生《う》まれる　生《お》い立ち

また、訓だけしかない漢字もあります。貝《かい》・株《かぶ》・届《とど》く・畑《はたけ》・皿《さら》・箱《はこ》などです。

50 たと

●10〜11ページ

5 漢字の読み

1 なか
2 あ
3 せき
4 そこ
5 か
6 す
7 つた
8 わか
9 さ
10 な
11 とな
12 ばんづけ
13 あらた
14 はなたば
15 さか
16 あつ
17 お
18 つら
19 こづつみ
20 のこ
21 め
22 あた
23 たね
24 かがみ
25 う
26 か
27 つづ
28 この
29 と
30 うめ
31 はか
32 まい
33 かなら
34 やしな
35 な
36 まと
37 て
38 たぐ
39 めし
40 もっと
41 やじるし
42 たよ
43 むす
44 つ
45 さいたま
46 は
47 ひく
48 す
49 きよ
50 はたら

●12〜13ページ

6 漢字の読み

1 くだもの
2 けしき
3 へた
4 なのか(なぬか)
5 とう
6 ふたり
7 おとな
8 あす
9 あまぐ
10 こ
11 ようか
12 しみず
13 うわぎ
14 かわら
15 かざぐるま
16 とけい
17 なんにち
18 てつだ
19 けさ
20 ついたち
21 さかや
×さけや
22 にい
23 やおや
24 ふなたび
25 かあ
26 ちよがみ
27 しら
28 ゆきがっせん
29 かざかみ
30 きのう
31 あまど
32 きょうだい
33 まっか
34 たなばた
35 うわまわ
36 ねえ
37 ことし
38 ともだち
39 まっさお
40 とうてん
41 じょうず
42 あまのがわ
43 かなぐ
44 はつか
45 へや
46 とんや(といや)
47 ひとり
48 あまくだ
49 ここの
50 ふつか

●14〜15ページ

7 漢字の読み

1 きょう
2 かがみ
3 れんきゅう
4 つら
5 さいご
6 もっと
7 しゅくじつ
8 いわ
9 でんき

●**チェックしよう**

▼**じゅく字訓・特別な読み方**

じゅく字訓とは、一字一字の読みによってではなく、ひとまとまりのことばとして読むものです。

これとは別に、使い方の限《かぎ》られた特別な音訓もあります。

例 兄弟《きょうだい》・雨雲《あまぐも》、雨《あま》具《ぐ》、合戦《かっせん》、磁石《じしゃく》、読《とう》点《てん》、再来年《さらいねん》、七日《なの(ぬ)か》、上着《うわぎ》、風上《かざかみ》、風車《かざぐるま》、問屋《とん(い)や》、留守《るす》、何本《なんぼん》、酒場《さかば》、船賃《ふなちん》など。

10 つた
11 えいよう
12 やしな
13 にゅうよく
14 あ
15 べんり
16 たよ
17 あんち
18 お
19 かいりょう
20 よ
21 ほうちょう
22 つつ
23 ざんねん
24 のこ
25 せいりゅう
26 きよ
27 あんしょう
28 とな
29 きせつ
30 ふし
31 ていへん
32 そこ
33 いったい
34 おび
35 ねんがん
36 ねが
37 がいとう
38 まち
39 ろうか
40 お
41 けっか
42 むす
43 しょうめい
44 て
45 べっしつ
46 わか
47 しゃりん
48 わ
49 いっしゅう
50 まわ

● 16～17ページ

8 漢字の読み

1 イ
2 ア
3 ア
4 イ
5 ア
6 ア
7 イ
8 イ
9 ア
10 イ
11 イ
12 ア
13 イ
14 イ
15 ア
16 ア
17 イ
18 ア
19 イ
20 ア
21 ア
22 イ
23 ア
24 ア
25 イ
26 イ
27 ア
28 イ
29 ア
30 イ
31 イ
32 ア
33 ア
34 イ
35 ア
36 ア
37 イ
38 ア
39 イ
40 ア
41 ア
42 イ
43 イ
44 イ
45 イ
46 イ
47 ア
48 イ
49 イ
50 ア
51 ア
52 ア
53 イ
54 ア
55 イ
56 イ
57 イ
58 ア
59 ア
60 ア
61 ア
62 イ
63 ア
64 イ
65 イ
66 イ
67 ア
68 イ
69 イ
70 ア
71 イ
72 ア
73 イ
74 イ
75 ア
76 ア

●チェックしよう

▼音訓読み・訓音読み

じゅく語の上のほうを音で読み、下のほうを訓で読む読み方を「**重箱読み**《じゅうばこ》」といいます。「重箱」は食べ物を入れる器《うつわ》のことです。

じゅく語の上のほうを訓で読み、下のほうを音で読む読み方を「**湯桶読み**《ゆとう》」といいます。「湯桶」は湯を入れる器で、そば屋で使っています。

77 ア
78 イ
79 ア
80 ア
81 ア
82 イ
83 ア
84 ア
85 イ
86 イ
87 イ
88 イ
89 イ
90 ア
91 イ
92 ア
93 ア
94 イ
95 イ
96 ア
97 イ
98 イ
99 ア
100 イ

9 書き取り ●18〜19ページ

1 辺
2 然
3 利
4 器 ×機
5 菜
6 位
7 観
8 令
9 望
10 候
11 達
12 類
13 満
14 典
15 束
16 録
17 選
18 牧
19 熱
20 康
21 隊
22 億
23 府
24 席
25 帯
26 倉
27 末
28 功
29 包
30 争
31 説
32 議
33 共
34 灯
35 関
36 欠
37 量
38 群 ×郡
39 径 ×経
40 治
41 唱
42 料
43 博
44 初
45 改
46 課
47 芸
48 散
49 果
50 伝

10 書き取り ●20〜21ページ

1 照
2 差
3 無
4 夫
5 孫
6 標
7 改
8 好
9 輪
10 材
11 英
12 別
13 戦
14 覚
15 飛
16 刷
17 祝
18 景
19 器
20 案
21 要
22 完
23 約
24 変
25 察
26 極
27 低
28 挙
29 産
30 労
31 験
32 求
33 散
34 位
35 借
36 伝
37 訓
38 司
39 置
40 必
41 老
42 信
43 養
44 最
45 令
46 陸
47 関
48 希
49 周
50 連

11 書き取り ●22〜23ページ

1 焼
2 静
3 照
4 芽
5 清

6 種 7 願 8 飛 9 欠 10 冷 11 包 12 浴 13 群 14 積 15 輪 16 飯 17 熱 18 泣 19 低 20 最 21 折 22 巣 23 帯 24 塩 25 借 26 必 27 残 28 梅

29 望 30 印 31 仲 32 孫 33 覚 34 束 35 的 36 栄 37 位 38 固 39 富 40 挙 41 便 42 底 43 努 44 浅 45 祝 46 続 47 旗 48 満 49 加 50 養

●24〜25ページ

12 書き取り

1 量 2 良 3 径 4 景 5 菜 6 最 7 刷 8 札 9 器 10 旗 11 副 12 福 13 候 14 好 15 以 16 位 17 票 18 標 19 唱 20 照 21 料

22 漁 23 選 24 戦 25 功 26 康 27 約 28 薬 29 帯 30 隊 31 街 32 害 33 要 34 養 35 府 36 付 37 給 38 求 39 走 40 争 41 説 42 節 43 参 44 散

45 低 46 底 47 観 48 関 49 静 50 整 51 希 52 季

●26〜27ページ

13 書き取り

1 貨 2 課 3 府 4 夫 5 典 6 転 7 英 8 栄 9 老 10 労 11 機 12 旗

13 低 14 底 15 衣 16 位 17 児 18 事 19 信 20 真 21 器 22 起 23 司 24 試 25 研 26 健 27 菜 28 祭 29 席 30 積 31 灯 32 頭 33 鏡 34 強 35 欠

36 結
37 改
38 階
39 消
40 唱
41 令
42 例
43 単
44 炭
45 清
46 省
47 倉
48 相
49 案
50 暗
51 散
52 産

14 漢字えらび

●28〜29ページ

1 ア
2 ア
3 ウ
4 イ
5 ア
6 ウ
7 ウ
8 イ
9 イ
10 ア
11 イ
12 ウ
13 ア
14 イ
15 イ
16 イ
17 ア
18 ウ
19 ウ
20 ウ
21 ア
22 ウ
23 イ
24 イ
25 ウ
26 ア
27 ウ
28 ウ
29 イ
30 ア
31 イ
32 ア
33 ア
34 ウ
35 ア
36 イ
37 イ
38 ウ

15 じゅく語を作る

●30〜31ページ

1 エ・オ
2 ア・イ
3 ア・オ
4 ウ・オ
5 イ・オ
6 オ・エ
7 オ・イ
8 イ・エ
9 イ・ア
10 ウ・イ
11 イ・エ
12 オ・ウ
13 オ・エ
14 ア・オ
15 オ・イ
16 イ・ウ
17 オ・ア
18 ア・イ
19 ウ・エ
20 イ・オ
21 オ・エ
22 エ・ア
23 ウ・ア
24 ウ・ア
25 エ・ア
26 ウ・エ
27 ウ・イ
28 エ・ウ

16 対義語

●32〜33ページ

❶
(1)
1 無
2 陸
3 冷
4 功
5 満

(2)
1 消
2 敗
3 器
4 昨
5 満

(3)
1 未
2 連
3 散
4 不
5 浅

(4)
1 散
2 無
3 戦
4 良
5 辺

(5)
1 末
2 温

●チェックしよう

▼じゅく語を訓読みして、結びつきを考える

二字以上の漢字が組み合わされてできたことばを「**じゅく語**」または「**じゅく字**」といいます。じゅく語の中でいちばん多いのが二字のじゅく語です。じゅく語を使うことで、言いたいことを少ない文字で表現《げん》できます。

例 日照→日が照る。前進→前に進む。帰国→国に帰る。左右→左と右。

3 笑
4 康
5 共

(6)
1 熱
2 副
3 続
4 初
5 終

(7)
1 然
2 差
3 敗
4 達
5 固

❷
1 ○
2 ×
3 ○
4 ○
5 ×
6 ○

17 対義語

●34～35ページ

❶
1 差
2 昨
3 徒
4 席
5 副
6 貨
7 曲
8 成
9 卒
10 低
11 失
12 辺
13 強
14 底
15 欠
16 戦
17 消
18 塩
19 好
20 送

❷
1 悲
2 欠
3 敗
4 末
5 静
6 博
7 深
8 未
9 望
10 初
11 散
12 康
13 固
14 働
15 面

18 部首

●36～37ページ

❶
1 英・苦・菜
2 副・利・列・前
3 課・議・説
4 功・勇・労・努
5 漁・消・満・治
6 博・協・卒
7 鉄・録・鏡
8 各・器・周
9 照・無・然
10 連・辺・達・選
11 陸・隊・階
12 察・害・官
13 節・管・箱
14 児・元・兆
15 康・府・庭
16 特・牧・物
17 械・標・札・極
18 積・種・科
19 顔・願・類
20 続・緑・給
21 飯・館・飲
22 改・散・敗
23 念・想・急
24 便・信・側・働

❷
1 イ
2 ア
3 ウ
4 エ

❸
1 イ
2 ア
3 エ
4 ウ

19 部首

●38～39ページ

❶
1 亻
2 扌
3 力
4 心
5 木
6 艹
7 𥫗
8 儿
9 口
10 田
11 刂
12 頁
13 灬
14 阝
15 曰
16 夂

●チェックしよう

▼意味を表す代表部分が部首

①〔計・語〕言（ごんべん）はことばに関すること。

②〔列・利〕刂（りっとう）は刀や切ること。

③〔熱・点〕灬（れんが・れっか）は火や熱に関係のあること。

④〔道・近〕辶（しんにょう）は道や行くこと・進むこと。

部首の中で最も多いのが「へん」です。

17 彳
18 巾
19 广
20 大
21 宀
22 十
23 辶

❷
1 き・オ
2 え・ウ
3 こ・ア
4 け・ケ
5 い・ク

❸
1 こ・イ
2 え・オ
3 き・サ
4 し・ア
5 い・キ
6 く・エ

20 筆順・総画数

●40〜41ページ

1 2
2 4
3 10
4 6
5 9
6 5
7 6
8 4
9 7
10 8
11 12
12 14
13 11
14 15
15 11
16 18
17 16
18 12
19 12
20 20
21 5
22 3
23 1
24 5
25 12
26 3
27 5
28 8
29 8
30 3
31 13
32 16
33 14
34 10
35 12
36 18
37 10
38 8
39 13
40 9
41 7
42 8
43 3
44 2
45 2
46 6
47 3
48 5
49 6
50 8
51 5
52 7
53 5
54 12
55 9
56 11
57 12
58 13
59 11
60 10
61 10
62 15
63 13
64 14
65 13
66 3
67 7
68 5
69 4
70 13
71 13
72 3
73 10
74 2
75 13
76 19
77 10
78 15
79 5
80 18
81 9
82 10
83 10
84 15

21 筆順・総画数

●42〜43ページ

❶
1 5・8
2 6・6
3 5・8
4 8・13
5 9・9

●チェックしよう

▼筆順のきまりはこうなっている

①上から下へ
②左から右へ
③横からたてへ
④中心から左右へ
⑤外から内へ
⑥横やたてにつらぬく画は最後に
⑦左ばらいから右ばらいへ
⑧横の画と左ばらい（左ばらいの方が短いとき、それが先） 例 右
⑨右上の点は、一つの字の最後 例 代

6 4・5
7 4・7
8 3・8
9 6・13
10 4・8
11 9・15
12 5・11
13 4・8
14 6・8
15 2・8
16 8・14
17 7・13
18 5・7
19 4・15
20 5・11
21 5・12
22 9・16
23 12・14
24 9・11
25 5・6
26 6・12
27 8・10

❷解答は11ページ

●44～45ページ

22 漢字と送りがな

1 香る
2 敗れる
3 挙げる
4 省く
5 争う
6 祝う
7 包む
8 改める
9 照らす
10 浅い
11 結ぶ
12 養う
13 固め
14 働く
15 別れる
16 伝わる
17 覚ます
18 清める
19 低い
20 残り
21 唱える
22 付ける
23 笑う
24 冷たい
25 求める
26 群れる
27 浴びる
28 加わる
29 栄える
30 努める
31 必ず
32 失う
33 選ぶ
34 満たす
35 望む
36 量る
37 焼ける
38 欠ける
39 例える
40 勇ましい
41 束ねる
42 借りる
43 治す
44 試みる
45 連ねて
46 初めて
47 静かな
48 参り

●46～47ページ

23 漢字と送りがな

❶
1 治まる
2 失う
3 戦う
4 借りる
5 果たす
6 願い
7 冷やかさ
8 覚える
9 求める
10 好み
11 欠ける
12 折れる
13 散らかす
14 働こう
15 争う
16 続ける
17 加える
18 飛ばす
19 温かい
20 省く
21 伝って
22 周り
23 辺り
24 熱い
25 最も
26 変わり
27 建てる
28 産まれる
29 整え
30 成し
31 帯びる
32 冷ます
33 初めて
34 便り
35 転がる
36 積もる
37 拾う
38 老いる
39 悲しい
40 苦しく
41 曲がる
42 始まる
43 集まった

●チェックしよう

▼本則《そく》と許容《きょよう》がある送りがな

「漢字かなまじり文」を書く時には、どこまでを漢字で書き、どこからをかなで書くか、という「**送りがな**」の本則《そく》と許容《きょよう》があります。

★本則《そく》＝「送りがなの付け方」の基本法則《そく》です。例 受け付ける

★許容《きょよう》＝慣《かん》用としてみとめられているもの 例 受付ける

1 必（丶 ソ 义 必 必）
2 灯（丶 丷 火 火 灯 灯）
3 飛（乙 乙 乙 飞 飞 飞 飛 飛 飛）
4 児（丨 刂 门 旧 旧 旧 児）
5 関（丨 𠃌 戸 戸 門 門 閂 関）
6 選（⺕ 己 巳巳 巽 巽 巽 巽 選 選）
7 票（一 冖 襾 襾 覀 覀 票 票）
8 料（丷 丷 半 米 米 米 料 料）
9 極（一 木 朩 朽 柯 柯 極 極）
10 祝（丶 ネ ネ 礻 祀 祀 祝）
11 約（㇛ 幺 幺 糸 糸 糸 約 約）
12 照（丨 ㄇ 日 日 昭 昭 昭 照）
13 兆（丿 丿 儿 兆 兆）
14 香（一 二 千 禾 禾 禾 香 香）
15 城（一 十 土 圤 坊 城 城 城）
16 底（丶 亠 广 庀 庀 底 底）
17 菜（一 十 艹 艹 苎 苎 菜 菜）
18 満（氵 氵 汁 洴 洴 満 満 満）
19 節（ノ ⺮ 竹 竹 笳 節 節）
20 競（亠 音 竟 竟 竸 競 競 競）
21 巣（丶 ⺍ 㟴 当 単 単 巣）
22 改（㇆ コ 己 己 己 改 改）

44 決める
45 申し
46 深まり
47 起きる
48 反らす

●48～51ページ

実力完成テスト(1)

(一)
1 きゅうゆ
2 たてもの
3 はったつ
4 すばこ
5 つ
6 ねんがん
7 つめ
8 せんべつ
9 あらそ
10 れいせい
11 む
12 はぶ
13 つ
14 かくじ
15 なお
16 ゆびお
17 と
18 じさん
19 きょこう
20 しんるい

(二)
1 しゅるい
2 たね
3 いんさつ
4 しるし
5 ざんねん
6 のこ
7 せいし
8 しず
9 えいこう
10 さか

(三)
1 ウ
2 イ
3 ウ
4 ア
5 ウ
6 イ
7 ア
8 ウ
9 ウ
10 イ

(四)
1 6
2 7
3 3
4 12
5 9
6 14
7 10
8 11
9 13
10 11

(五)
1 ア
2 イ
3 ア
4 イ
5 イ
6 イ
7 ア
8 イ
9 ア
10 イ

(六) 1 民 2 未 3 塩 4 好 5 徒

(七) 1 必ず 2 加える 3 改める 4 覚める 5 唱える 6 欠かさ 7 満たす

(八) 1 径 2 待 3 徳 4 改 5 敗 6 散 7 選 8 速

---

9 達 10 辺

(九) 1 共 2 鏡 3 標 4 票 5 最 6 菜 7 街 8 害

(十) 1 オ 2 イ 3 エ 4 イ 5 ア 6 オ 7 ウ 8 オ 9 イ 10 オ

(十一) 1 飛 2 芽 3 帯 4 産 5 陸 6 焼 7 置 8 浅 9 愛 10 老

---

11 菜 12 初 13 笑 14 録 15 低 16 求 17 器 18 照 19 漁 20 固

● 52〜55ページ

実力完成テスト(2)

(一) 1 かた 2 ようてん 3 あ 4 ふくさよう 5 とな 6 ほっきょく 7 がい 8 たね 9 たいりょう 10 のこ 11 がいとう 12 きしゅ 13 しゅくじつ 14 めじるし

---

15 かくしゅ 16 せんべつ 17 おぼ 18 こころ 19 くせん 20 や

(二) 1 たいぐん 2 む 3 せんえんさつ 4 なふだ 5 かこう 6 くわ 7 けっきょく 8 むす 9 まんいん 10 み

(三) 1 ウ 2 イ 3 ウ 4 イ 5 ウ 6 イ 7 ア 8 ウ 9 ア 10 イ

(四) 1 8 2 9 3 6 4 6 5 4 6 12 7 11 8 9 9 14 10 13

(五) 1 ア 2 ア 3 イ 4 イ 5 ア 6 ア 7 イ 8 イ 9 ア 10 イ

(六) 1 敗 2 欠 3 強 4 低 5 良

(七) 1 試みる 2 付ける 3 残さ 4 覚める

---

5 働く 6 必ず 7 失っ

(八) 1 議 2 談 3 説 4 察 5 害 6 官 7 芽 8 英 9 芸 10 菜

(九) 1 課 2 貨 3 消 4 照 5 参 6 散 7 帯 8 隊

(十) 1 エ　2 ウ　3 オ　4 ア　5 イ　6 ウ　7 オ　8 ア　9 ウ　10 オ

(十一) 1 側　2 冷　3 利　4 静　5 熱　6 願　7 念　8 康　9 鏡　10 景　11 材　12 好　13 約　14 塩　15 梅　16 達　17 包　18 挙　19 末　20 関

実力完成テスト(3)

●56~59ページ

(一) 1 やぶ　2 いふく　3 なかよ　4 ひょうさつ　5 こうえい　6 す　7 うめ　8 けいしょう　9 たいりょう　10 たよ　11 まんいん　12 まわ　13 ようせい　14 もと　15 くま　16 せいりゅう　17 ざんせつ　18 す　19 まちかど　20 りょうやく

(二) 1 ゆうき　2 いさ　3 いちりんしゃ　4 はなわ　5 がんしょ　6 ねが　7 かいりょう　8 あらた　9 さいこう　10 もっと

(三) 1 ア　2 ア　3 イ　4 ウ　5 ウ　6 イ　7 ウ　8 ウ　9 イ　10 ウ

(四) 1 8　2 8　3 2　4 14　5 4　6 18　7 13　8 20　9 15　10 9

(五) 1 イ　2 イ　3 ア　4 ア　5 ア　6 ア　7 イ　8 ア　9 イ　10 イ

(六) 1 戦　2 失　3 満　4 治　5 続

(七) 1 求める　2 借りる　3 必ず　4 連なっ　5 望む　6 浴びる　7 選ぶ

(八) 1 笑　2 節　3 笛　4 康　5 底　6 府　7 器　8 各　9 司　10 周

(九) 1 機　2 旗　3 倉　4 争　5 庭　6 低　7 候　8 港

(十) 1 ウ　2 エ　3 エ　4 ア　5 イ　6 ア　7 ウ　8 イ　9 エ　10 イ

(十一) 1 陸　2 種　3 覚　4 産　5 類　6 折　7 祝　8 量　9 変　10 令　11 伝　12 静　13 結　14 管　15 共　16 察　17 散　18 説　19 卒　20 泣

実力完成テスト(4)

●60~63ページ

(一) 1 きょうぎ　2 み　3 す　4 ひょうご　5 せいこう　6 かなら　7 おきもの　8 しゅうへん　9 お　10 す　11 れんけつ　12 つつ

13 あんないず
14 みんげい
15 あらた
16 か
17 しょうかき
18 ふうけい
19 じょうたつ
20 と

(二)
1 れんきゅう
2 つ
3 じち
4 なお
5 せいさん
6 う
7 ふこく
8 と
9 りゅうしつ
10 みうしな

(三)
1 ウ
2 ア
3 ア
4 ウ
5 イ
6 ア

---

7 ア
8 イ
9 ア
10 ウ

(四)
1 12
2 4
3 3
4 6
5 5
6 11
7 18
8 13
9 19
10 19

(五)
1 ア
2 ア
3 イ
4 イ
5 ア
6 イ
7 イ
8 ア
9 イ
10 ア

(六)
1 浅
2 冷
3 利
4 散
5 積

(七)
1 包ま
2 伝える

---

3 治す
4 結び
5 敗れる
6 別れる
7 付ける

(八)
1 刷
2 副
3 利
4 労
5 加
6 功
7 陸
8 院
9 階
10 隊

(九)
1 衣
2 位
3 焼
4 唱
5 札
6 察

---

7 陽
8 要

(十)
1 オ
2 ウ
3 ウ
4 ア
5 イ
6 エ
7 エ
8 ア
9 オ
10 イ

(十一)
1 残
2 議
3 輪
4 果
5 産
6 康
7 特
8 仲
9 料
10 束
11 借
12 然
13 続
14 念
15 塩
16 灯
17 望
18 努
19 働
20 香

●チェックしよう

▼習っていない字が読める

漢字の多くは**意味**（**部首**）と**音**の組み合わせでできています。発音を示《しめ》す部分を見つけて、「○があるから△」と読むことができます。例えば、中学で習う漢字では、腰は要があるからヨウ、霜は相があるからソウと読めます。

資《し》料 1

7級配当漢字表

〔——は中学校、太字は高校で学習する読み〕

漢字	読み方	画数	部首
愛	アイ	13	心
案	アン	10	木
以	イ	5	人
衣	イ ころも	6	衣
位	イ くらい	7	イ
茨	いばら	9	艹
印	イン しるし	6	卩
英	エイ	8	艹
栄	エイ さか(える) は(え)・は(える)	9	木
媛	エン	12	女
塩	エン しお	13	土
岡	おか	8	山
億	オク	15	イ
加	カ くわ(える) くわ(わる)	5	力
果	カ は(たす) は(てる)・は(て)	8	木
貨	カ	11	貝
課	カ	15	言
芽	ガ め	8	艹
賀	ガ	12	貝
改	カイ あらた(める) あらた(まる)	7	攵
械	カイ	11	木
害	ガイ	10	宀
街	ガイ まち カイ	12	行
各	カク おのおの	6	口
覚	カク・おぼ(える) さ(ます) さ(める)	12	見
潟	かた	15	氵
完	カン	7	宀
官	カン	8	宀
管	カン くだ	14	竹
関	カン せき かか(わる)	14	門
観	カン	18	見
願	ガン ねが(う)	19	頁
岐	キ	7	山
希	キ	7	巾
季	キ	8	子
旗	キ はた	14	方
器	キ うつわ	15	口
機	キ はた	16	木
議	ギ	20	言
求	キュウ もと(める)	7	水
泣	な(く) キュウ	8	氵
給	キュウ	12	糸
挙	キョ あ(げる) あ(がる)	10	手
漁	ギョ リョウ	14	氵
共	キョウ とも	6	八
協	キョウ	8	十
鏡	キョウ かがみ	19	金
競	キョウ・ケイ きそ(う) せ(る)	20	立
極	キョク・ゴク きわ(める) きわ(まる)・きわ(み)	12	木
熊	くま	14	灬

漢字	読み方	画数	部首
訓	くん	10	言
軍	グン	9	車
郡	グン	10	阝
群	グン む(れる)・む(れ) むら	13	羊
径	ケイ	8	彳
景	ケイ	12	日
芸	ゲイ	7	艹
欠	ケツ か(ける) か(く)	4	欠
結	ケツ・むす(ぶ) ゆ(う) ゆ(わえる)	12	糸
建	ケン た(てる)・た(つ) コン	9	廴
健	ケン すこ(やか)	11	亻
験	ケン ゲン	18	馬
固	コ・かた(める) かた(まる) かた(い)	8	囗
功	コウ ク	5	力
香	か・かお(り) かお(る) コウ・キョウ	9	香
好	コウ この(む) す(く)	6	女
候	コウ そうろう	10	亻
康	コウ	11	广
佐	サ	7	亻
差	サ さ(す)	10	工
菜	サイ な	11	艹
最	サイ もっと(も)	12	日
埼	さい	11	土
材	ザイ	7	木
崎	さき	11	山
昨	サク	9	日
札	サツ ふだ	5	木
刷	サツ す(る)	8	刂
察	サツ	14	宀
参	サン まい(る)	8	厶
産	サン う(む) う(まれる)・うぶ	11	生
散	サン・ち(る) ち(らす)・ち(らかす) ち(らかる)	12	攵
残	ザン のこ(る) のこ(す)	10	歹
氏	シ うじ	4	氏
司	シ	5	口
試	シ こころ(みる) ため(す)	13	言
児	ジ ニ	7	儿
治	ジ・チ おさ(める)・おさ(まる) なお(る)・なお(す)	8	氵
滋	ジ	12	氵
辞	ジ や(める)	13	辛
鹿	しか か	11	鹿
失	シツ うしな(う)	5	大
借	シャク か(りる)	10	亻
種	シュ たね	14	禾
周	シュウ まわ(り)	8	口
祝	シュク いわ(う) シュウ	9	礻
順	ジュン	12	頁
初	ショ・はじ(め) はじ(めて)・はつ そ(める)・うい	7	刀
松	ショウ まつ	8	木
笑	わら(う) ショウ え(む)	10	⺮
唱	ショウ とな(える)	11	口
焼	や(く) や(ける) ショウ	12	火
照	ショウ て(る)・て(らす) て(れる)	13	灬
城	ジョウ しろ	9	土
縄	なわ ジョウ	15	糸

漢字	読み方	画数	部首
臣	シン・ジン	7	臣
信	シン	9	亻
井	い・セイ・ショウ	4	二
成	セイ・な(る)・な(す)・ジョウ	6	戈
省	セイ・ショウ・はぶ(く)・かえり(みる)	9	目
清	セイ・きよ(い)・きよ(まる)・きよ(める)・ショウ	11	氵
静	セイ・しず・しず(か)・しず(まる)・しず(める)・ジョウ	14	青
席	セキ	10	巾
積	セキ・つ(む)・つ(もる)	16	禾
折	セツ・お(る)・おり・お(れる)	7	扌
節	セツ・ふし・セチ	13	⺮
説	セツ・と(く)・ゼイ	14	言
浅	あさ(い)・セン	9	氵
戦	セン・たたか(う)・いくさ	13	戈
選	セン・えら(ぶ)	15	辶
然	ゼン・ネン	12	灬
争	ソウ・あらそ(う)	6	亅
倉	ソウ・くら	10	人
巣	す・ソウ	11	⺍
束	ソク・たば	7	木
側	ソク・かわ	11	亻
続	ゾク・つづ(く)・つづ(ける)	13	糸
卒	ソツ	8	十
孫	ソン・まご	10	子
帯	タイ・お(びる)・おび	10	巾
隊	タイ	12	阝
達	タツ	12	辶
単	タン	9	⺍
置	チ・お(く)	13	罒
仲	なか・チュウ	6	亻
沖	おき・チュウ	7	氵
兆	チョウ・きざ(し)・きざ(す)	6	儿
低	テイ・ひく(い)・ひく(める)・ひく(まる)	7	亻
底	テイ・そこ	8	广
的	テキ・まと	8	白
典	テン	8	八
伝	デン・つた(わる)・つた(える)・つた(う)	6	亻
徒	ト	10	彳
努	ド・つと(める)	7	力
灯	トウ・ひ	6	火
働	ドウ・はたら(く)	13	亻
特	トク	10	牛
徳	トク	14	彳
栃	とち	9	木
奈	ナ	8	大
梨	なし	11	木
熱	ネツ・あつ(い)	15	灬
念	ネン	8	心
敗	ハイ・やぶ(れる)	11	攵
梅	バイ・うめ	10	木
博	ハク・バク	12	十
阪	ハン	7	阝
飯	ハン・めし	12	飠
飛	ヒ・と(ぶ)・と(ばす)	9	飛
必	ヒツ・かなら(ず)	5	心

漢字	読み方	画数	部首
票	ヒョウ	11	示
標	ヒョウ	15	木
不	フ ブ	4	一
夫	フ おっと ｜ フウ	4	大
付	フ つ(ける) つ(く)	5	亻
府	フ	8	广
阜	フ	8	阜
富	フ と(む)・とみ フウ	12	宀
副	フク	11	刂
兵	ヘイ ヒョウ	7	八
別	ベツ わか(れる)	7	刂
辺	ヘン あた(り) べ	5	辶
変	ヘン か(わる) か(える)	9	夂
便	べん ビン たよ(り)	9	亻
包	ホウ つつ(む)	5	勹
法	ホウ ハッ ホッ	8	氵
望	ボウ のぞ(む) ｜ モウ	11	月《つき》
牧	ボク ｜ まき	8	牛
末	マツ すえ バツ	5	木
満	マン み(ちる) み(たす)	12	氵
未	ミ	5	木
民	ミン ｜ たみ	5	氏
無	ム ブ な(い)	12	灬
約	ヤク	9	糸
勇	ユウ いさ(む)	9	力
要	ヨウ かなめ ｜ い(る)	9	襾
養	ヨウ やしな(う)	15	食
浴	ヨク あ(びる) あ(びせる)	10	氵
利	リ き(く)	7	刂
陸	リク	11	阝
良	リョウ よ(い)	7	艮
料	リョウ	10	斗
量	リョウ はか(る)	12	里
輪	リン わ	15	車
類	ルイ たぐい	18	頁
令	レイ	5	人
冷	レイ つめ(たい) ひ(える) ひ(や) ひ(やす) ひ(やかす) さ(める) さ(ます)	7	冫
例	レイ たと(える)	8	亻
連	レン・つら(なる) つら(ねる) つ(れる)	10	辶
老	ロウ お(いる) ふ(ける)	6	耂
労	ロウ	7	力
録	ロク	16	金

▶7級配当 202 字＋8級までの合計 440 字＝**642** 字

資《し》料2 部首をまちがえやすい漢字

（部首の下の漢字は、その部首に所属《ぞく》する漢字で、ほかの部首にまちがえやすいもの）

画数	部首	漢字	名まえ
1	丶	主	てん
	ノ	乗久	の・はらいぼう
	亅	事予争	はねぼう
2	八	具	は
	刂	前利則	りっとう
	力	勝功	ちから
	十	南卒	じゅう
	几	処	つくえ
	凵	出	うけばこ
	刀	分初	かたな
	匕	北化	ひ
	厶	去	む
	又	取反	また
3	口	右商司問周史	くち
	土	型堂	つち
	夕	夜多	た・ゆうべ
	士	売	さむらい
	子	学季	こ
	寸	寺	すん
	干	幸年	かん・いちじゅう
	大	天央	だい
		失夫	
	巾	帰席希帯	はば
	弓	弱弟	ゆみ
4	手	挙承	て
	攵	放敗整	のぶん・ぼくづくり
	斗	料	とます
	日	昼暮	ひ
	木	楽業案東	き
	欠	次	あくび・かける
5	田	申	た
	目	直相真	め
6	羊	美着	ひつじ
	耳	聞聖	みみ
	肉	胃育	にく
	（月）	腸脈	にくづき
	衣	製表	ころも
7	貝	買賞	かい・こがい
8	隹	集	ふるとり
9	食	養	しょく
11	鳥	鳴	とり

資《し》料3　同じ読みのじゅく語・漢字（一部7級以上の漢字・読みふくむ）

同音異義語

◇意外・以外
◇異《い》議・異義《いぎ》・意義《ぎ》
◇意志《し》・意思・遺《い》志《し》
◇異常《いじょう》・異状《いじょう》
◇異《い》動・移《い》動・異《い》同
◇運行・運航
◇衛《えい》星・衛《えい》生
◇大型・大形
◇回答・解《かい》答
◇回復《ふく》・快復《かいふく》
◇開放・解《かい》放
◇過程《かてい》・課程《てい》
◇観賞・鑑《かん》賞
◇関心・感心
◇機運・気運
◇機会・器械・機械
◇器官・気管
◇競争・競走
◇共同・協同
◇訓示・訓辞
◇群衆《ぐんしゅう》・群《ぐん》集
◇原始・原子
◇講演《こうえん》・公演《えん》
◇航海・公海
◇広告・公告
◇工作・耕《こう》作
◇工程《てい》・行程《てい》・航程《てい》
◇広報《ほう》・公報《ほう》
◇国政《せい》・国勢《せい》
◇採《さい》決・裁《さい》決
◇作成・作製《せい》
◇時期・時機
◇自制《せい》・時世・時勢《せい》・自省
◇実態《たい》・実体
◇師《し》弟《てい》・子弟《てい》
◇自認《にん》・自任
◇辞典・事典・字典
◇周知・衆《しゅう》知
◇紹介《しょうかい》・照会
◇障《しょう》害・傷《しょう》害
◇少数・小数
◇食料・食糧《しょくりょう》
◇進路・針《しん》路
◇清算・精《せい》算・成算
◇成長・生長
◇対象・対照・対称《しょう》
◇体制・態勢《たいせい》・大勢《せい》
◇保《ほ》健・保《ほ》険《けん》
◇不要・不用
◇平行・並《へい》行
◇無情《じょう》・無常《じょう》
◇野性・野生
◇用件《けん》・要件《けん》

同訓異字

◇あう（会う・合う）
◇あがる（上がる・挙がる）
◇あく（開く・空く）
◇あつい（暑い・熱い・厚い）
◇あたたかい（暖かい・温かい）
◇あやまる（誤る・謝る）
◇あらわす（表す・現す・著す）
◇うつ（討つ・打つ・撃つ）
◇うつす（移す・写す・映す）
◇うまれる（生まれる・産まれる）
◇おこる（怒る・起こる）
◇おさめる（納める・修める・治める・収める）
◇おりる（下りる・降りる）
◇おる（折る・織る）
◇かえる（変える・代える）
◇さます（冷ます・覚ます）
◇そなえる（備える・供える）
◇たつ（裁つ・断つ・立つ・絶つ・建つ）
◇たっとい（尊い・貴い）
◇つくる（作る・造る）
◇つとめる（努める・勤める・務める）
◇つむ（積む・詰む）
◇とく（説く・解く）
◇とまる（止まる・留まる）
◇とる（取る・採る・捕る・執る）
◇なおす（直す・治す）
◇ながい（長い・永い）
◇なく（鳴く・泣く）
◇のぞむ（臨む・望む）
◇のぼる（登る・上る）
◇はかる（量る・計る・測る・図る）
◇はやい（早い・速い）
◇はじめ（始め・初め）
◇まざる（混ざる・交ざる）
◇まるい（丸い・円い）
◇まわり（回り・周り）
◇やさしい（易しい・優しい）
◇やぶれる（敗れる・破れる）